L'éveil de la productivité.. **4**

   Chapitre 1 : Révélez votre potentiel caché...5

   Chapitre 2 : Trouver la motivation qui vous correspond.......................8

   Chapitre 3 : Créez une routine matinale dynamisante...........................11

   Chapitre 4 : L'art de définir vos objectifs prioritaires......................... 14

   Chapitre 5 : Transformer les obstacles en opportunités....................... 17

Maîtrisez votre temps..**20**

   Chapitre 6 : Le secret de la planification optimale...............................21

   Chapitre 7 : Éliminez les distractions et boostez votre concentration...24

   Chapitre 8 : Techniques infaillibles pour gérer les interruptions.......... 27

   Chapitre 9 : La puissance de la méthode Pomodoro............................ 31

   Chapitre 10 : Apprenez à déléguer pour gagner en efficacité.............. 35

Créez un environnement de travail sain... **38**

   Chapitre 11 : L'impact de l'espace de travail sur votre productivité......39

   Chapitre 12 : La bonne posture pour travailler plus longtemps sans douleur..42

   Chapitre 13 : Les indispensables pour maintenir votre énergie tout au long de la journée... 45

   Chapitre 14 : La clé pour éviter le burn-out... 48

   Chapitre 15 : La valeur insoupçonnée des pauses régulières................ 51

Cultivez les bonnes habitudes.. **54**

   Chapitre 16 : Comment instaurer une routine gagnante.......................55

   Chapitre 17 : L'importance d'une hygiène de vie équilibrée................ 59

   Chapitre 18 : La technique des petits pas pour de grands succès..........63

   Chapitre 19 : Faites de la procrastination une alliée............................66

   Chapitre 20 : Adoptez l'état d'esprit du guerrier de la productivité.......70

Les outils pour booster votre efficacité... **74**

   Chapitre 21 : Les applications indispensables pour gérer votre temps. 75

   Chapitre 22 : Utilisez la technologie pour gagner en productivité........79

   Chapitre 23 : L'art de la prise de notes efficace...................................83

   Chapitre 24 : Le pouvoir du mind mapping... 87

   Chapitre 25 : La communication à l'ère numérique.............................. 91

L'épanouissement grâce à la productivité..**95**

Chapitre 26 : Trouver l'équilibre entre vie professionnelle et vie personnelle..96

Chapitre 27 : Surmontez les défis et célèbrez vos succès.................. 100

Chapitre 28 : Développez votre réseau et inspirez les autres............. 103

Chapitre 29 : Faites de votre passion votre profession.......................106

Chapitre 30 : La clé pour atteindre vos rêves et vivre la vie que vous méritez.. 109

Conclusion..**113**

Page de remerciement...**114**

Introduction

Cher lecteur,

Bienvenue dans "Productivité Efficace", un guide pour vous aider à libérer votre potentiel et à transformer vos rêves en réalité. Dans ce livre, je partagerai avec vous des conseils, des histoires et des leçons tirées de mon propre parcours pour vous inspirer et vous guider vers une vie plus épanouissante et réussie.

Dans les pages qui suivent, nous explorerons ensemble les différentes facettes de la productivité, de la gestion du temps et de l'équilibre entre vie professionnelle et vie personnelle, en passant par la communication, les réseaux, et bien d'autres sujets clés. J'espère que ce livre vous donnera les outils nécessaires pour surmonter les défis auxquels vous êtes confronté et pour atteindre vos objectifs les plus ambitieux.

Alors, asseyez-vous confortablement, prenez une grande inspiration et plongez dans le monde de la "Productivité Efficace". Ensemble, faisons de vos rêves une réalité !

L'éveil de la productivité

Chapitre 1 : Révélez votre potentiel caché

J'ai toujours cru que chaque individu possède un potentiel immense qui ne demande qu'à être révélé. Vous en doutez ? Laissez-moi vous raconter une histoire qui, je l'espère, saura vous convaincre.

Il y a quelques années, j'ai fait la connaissance de Marc, un jeune homme timide et introverti. Il travaillait en tant que développeur web pour une petite entreprise, et ne se voyait pas évoluer au-delà de ce poste. Pourtant, un jour, j'ai décidé de le défier en lui proposant un pari fou : me prouver qu'il était capable de devenir un entrepreneur à succès, capable de bâtir un empire à partir de rien.

Au début, Marc n'a pas voulu me croire. Il pensait que son potentiel était limité, qu'il n'était qu'un simple employé condamné à rester dans l'ombre. Mais je ne pouvais me résoudre à le laisser s'enfermer dans cette croyance erronée. Je lui ai alors promis de l'aider à révéler son potentiel caché, en lui transmettant les clés du succès et les secrets d'une productivité hors du commun.

La première étape de ce long périple fut de déterminer les forces et les talents de Marc, en les passant au crible de l'auto-évaluation. « Quelles sont les compétences qui te démarquent des autres ? » lui ai-je demandé. Il a dû réfléchir un moment avant de me répondre, hésitant, qu'il était doué pour l'analyse et la résolution de problèmes complexes. Un bon début, mais il fallait aller plus loin.

Pour libérer tout son potentiel, Marc devait également identifier et dépasser les obstacles qui entravaient son chemin. C'est ici que je lui ai enseigné l'une des clés les plus fondamentales de la productivité : la capacité à transformer les contraintes en opportunités. Plutôt que de voir sa timidité comme un frein, il a appris à la considérer comme un atout, une force qui lui permettait de se concentrer sur ses tâches sans se laisser distraire par les bruits ambiants. Une fois cette prise de conscience faite, il ne restait plus qu'à passer à l'action.

Nous avons alors élaboré un plan de bataille qui allait permettre à Marc de s'épanouir professionnellement, en développant progressivement de nouvelles compétences et en repoussant les limites de sa zone de confort. Il a ainsi suivi des formations en marketing, en gestion de projets, et en communication. Peu à peu, il est devenu un expert dans son domaine, sollicité par les plus grandes entreprises pour son savoir-faire inégalé.

Au fil des mois, Marc a pris de l'assurance, osant exprimer ses idées et partager son expérience avec les autres. Lors d'une conférence sur l'entrepreneuriat à laquelle il participait en tant qu'intervenant, il m'a confié que jamais il n'aurait cru possible d'atteindre un tel niveau de réussite.

« Merci, m'a-t-il dit en me serrant la main avec émotion. Tu m'as aidé à réaliser que je possédais en moi un potentiel insoupçonné, qui ne demandait qu'à être exploité. Grâce à toi, je suis devenu l'entrepreneur à succès que tu avais parié que je deviendrais. »

Son histoire est la preuve vivante que chacun d'entre nous possède un potentiel caché qui peut être révélé et développé. Comme Marc, il vous est possible de découvrir vos forces et de les utiliser pour atteindre des sommets insoupçonnés.

Voici quelques conseils pour vous aider à révéler votre potentiel caché :

Prenez conscience de vos forces et de vos faiblesses : Il est essentiel de savoir où vous excellez et où vous avez besoin de progresser. Cela vous permettra de mieux comprendre ce que vous pouvez apporter à votre entourage professionnel et de déterminer les compétences à développer pour maximiser votre succès.

Acceptez les défis et sortez de votre zone de confort : Pour libérer votre potentiel, il est important de vous confronter à des situations nouvelles et difficiles. Cela vous poussera à vous surpasser et à acquérir des compétences que vous n'auriez jamais imaginé posséder.

Développez un état d'esprit de croissance : Adoptez la conviction que vous pouvez toujours progresser et vous améliorer, et que chaque expérience, qu'elle soit positive ou négative, vous offre l'opportunité d'apprendre et de grandir.

Fixez-vous des objectifs ambitieux et réalistes : En ayant des buts clairs et précis à atteindre, vous pourrez canaliser votre énergie et votre détermination pour les réaliser. Assurez-vous de décomposer ces objectifs en étapes réalisables pour ne pas vous décourager.

Entourez-vous de personnes inspirantes : Les personnes que vous côtoyez peuvent avoir un impact significatif sur votre motivation et votre ambition. Entourez-vous de personnes qui croient en vous et en votre potentiel, et qui vous encouragent à vous dépasser.

En appliquant ces conseils, vous vous donnerez toutes les chances de révéler votre potentiel caché et de devenir la meilleure version de vous-même. Et qui sait, peut-être qu'un jour, vous aussi deviendrez un entrepreneur à succès, capable d'inspirer les autres à suivre vos traces.

L'histoire de Marc est un témoignage fort de la capacité que nous avons tous à dévoiler le potentiel qui sommeille en nous. À travers son parcours, j'espère vous avoir convaincu que chacun d'entre nous a les ressources nécessaires pour dépasser ses limites et réaliser ses rêves.

Alors n'attendez plus, prenez votre destin en main et révélez dès aujourd'hui votre potentiel caché. Le monde a besoin de vos talents, et vous êtes le seul à pouvoir les lui offrir.

Chapitre 2 : Trouver la motivation qui vous correspond

Je me souviens encore de ce jour où j'ai rencontré Léa, une jeune femme brillante, qui semblait pourtant perpétuellement démotivée. Lors d'un séminaire sur la productivité, elle est venue me voir, intriguée par mon énergie et ma passion. Elle m'a confié qu'elle avait du mal à se motiver, malgré son ambition et ses rêves. C'est à ce moment-là que j'ai décidé de l'aider à trouver la motivation qui lui correspondait.

Comme pour Marc, j'ai commencé par discuter avec Léa afin de mieux comprendre ses aspirations et ses peurs. Elle était fascinée par le monde des affaires et rêvait de créer sa propre entreprise. Cependant, elle avait peur de ne pas être à la hauteur et de perdre sa stabilité financière. Face à ces craintes, je lui ai assuré qu'il était possible de trouver une motivation qui lui ressemble, pour l'aider à avancer sur le chemin du succès.

Dans cette quête de motivation, il était primordial de comprendre ce qui l'animait réellement. Ensemble, nous avons cherché ses motivations profondes, ce qui lui tenait à cœur. Nous avons discuté de ses valeurs et de ses convictions, pour finalement découvrir que ce qui la motivait, c'était l'envie de construire un projet qui ait du sens et qui contribue à améliorer la vie des gens. Cette découverte fut la clé pour déverrouiller sa motivation.

« Je vois, lui dis-je alors, ce qui te pousse à agir, c'est le désir d'avoir un impact positif sur le monde. Pour rester motivée, il te faut trouver un projet qui corresponde à cette aspiration. »

Avec cette prise de conscience, Léa a commencé à chercher un projet d'entreprise qui serait en accord avec ses valeurs. Elle a finalement eu l'idée de créer une plateforme en ligne, permettant aux artisans locaux de vendre leurs produits à des clients du monde entier. Ce projet répondait à la fois à son envie d'entreprendre et à sa volonté d'avoir un impact positif sur la société.

Lors de notre travail ensemble, j'ai partagé avec Léa quelques astuces pour maintenir et cultiver sa motivation :

Se fixer des objectifs concrets et réalisables : Avoir des buts clairs et précis permet de garder le cap et de mesurer les progrès accomplis.

Célébrer les petites victoires : Ne négligez pas les succès, même mineurs. Célébrez chaque étape franchie pour entretenir votre motivation.

S'entourer de personnes inspirantes : Le soutien et l'encouragement d'amis ou de collègues bienveillants peuvent booster votre motivation.

Prendre du recul et analyser les échecs : Apprenez de vos erreurs et tirez-en les enseignements nécessaires pour avancer.

Se ressourcer et prendre soin de soi : Accordez-vous des moments de détente et de plaisir pour préserver votre énergie et votre motivation.

En appliquant ces conseils, Léa a réussi à construire et développer son entreprise avec succès. Au fil des années, sa plateforme est devenue une référence dans son domaine, et elle a aidé des centaines d'artisans à se faire connaître et à prospérer. Léa est aujourd'hui une entrepreneuse épanouie et motivée, et son histoire est la preuve que trouver la motivation qui nous correspond est la clé du succès.

Lors d'une conversation récente, Léa m'a confié : « Je suis tellement reconnaissante de l'aide que tu m'as apportée. Grâce à toi, j'ai pu découvrir ce qui me motive réellement et créer une entreprise qui me passionne et qui a du sens pour moi. Je suis enfin épanouie dans mon travail et je me sens pleinement investie dans ma mission. »

Son témoignage m'a beaucoup touché, et je suis fier d'avoir pu l'aider à trouver sa motivation. Il est important de comprendre que chacun d'entre nous est différent et que la motivation qui nous correspond peut varier d'une personne à l'autre. L'essentiel est de chercher et trouver ce qui nous fait vibrer, ce qui nous pousse à nous dépasser et à réaliser nos rêves.

Voici quelques questions à vous poser pour vous aider à trouver la motivation qui vous correspond :

- Quelles sont les valeurs qui vous sont chères ?
- Qu'est-ce qui vous passionne dans la vie ?
- Quelle est la raison profonde qui vous pousse à vouloir réussir ?
- Comment imaginez-vous votre vie idéale ?
- Quels sont les sacrifices que vous êtes prêt à faire pour atteindre vos objectifs ?

En prenant le temps de répondre à ces questions et en explorant votre moi intérieur, vous serez en mesure de mieux comprendre ce qui vous motive et de développer une motivation durable et puissante.

L'histoire de Léa est un exemple inspirant de la force de la motivation lorsque celle-ci est en accord avec nos valeurs et nos aspirations profondes. En trouvant ce qui vous correspond, vous pourrez vous aussi dépasser vos peurs et vos doutes, et vous engager pleinement dans la réalisation de vos objectifs.

Alors n'attendez plus, partez à la recherche de votre motivation intérieure, celle qui vous correspond et qui vous permettra de vous épanouir dans votre vie professionnelle et personnelle. Souvenez-vous que vous êtes maître de votre destin, et que vous avez le pouvoir de créer la vie dont vous rêvez.

Chapitre 3 : Créez une routine matinale dynamisante

Il y a quelques années, j'ai eu l'opportunité de rencontrer Vincent, un homme aux multiples talents, mais qui avait du mal à se lever le matin et à démarrer sa journée du bon pied. Au fil de nos échanges, j'ai compris que le problème venait principalement de son manque de routine matinale. En effet, Vincent était persuadé que se lever tôt et suivre une routine étaient des contraintes qui l'enfermaient dans un carcan. Je me suis donc donné pour mission de l'aider à mettre en place une routine matinale dynamisante, adaptée à ses besoins et à sa personnalité.

Tout d'abord, je lui ai raconté comment ma propre routine matinale avait transformé ma vie et augmenté ma productivité. L'histoire semblait l'intriguer, et il a finalement accepté de m'accorder une semaine pour expérimenter ensemble une nouvelle routine. Nous avons donc commencé à construire, étape par étape, une routine matinale qui lui ressemblait.

Chaque matin, je me rendais chez Vincent pour l'aider à mettre en place les différentes étapes de sa nouvelle routine. Voici ce que nous avons élaboré ensemble :

Réveil progressif : Vincent n'aimait pas les alarmes brusques, alors nous avons opté pour une application de réveil qui simule le lever du soleil et accompagne le réveil par des sons doux et apaisants.

Étirements et méditation : Après s'être levé, Vincent pratiquait quelques étirements pour réveiller son corps en douceur, puis il s'adonnait à 10 minutes de méditation pour se recentrer sur lui-même et se préparer mentalement à la journée.

Petit déjeuner équilibré : Vincent préparait ensuite un petit déjeuner sain et complet, avec des fruits, des céréales, des protéines et un thé vert. Ce repas lui apportait l'énergie nécessaire pour bien commencer sa journée.

Lecture inspirante : Avant de se mettre au travail, Vincent lisait quelques pages d'un livre inspirant, pour nourrir son esprit et se motiver.

Visualisation des objectifs de la journée : Enfin, Vincent prenait un moment pour visualiser les tâches qu'il souhaitait accomplir durant la journée, afin de se fixer des objectifs clairs et précis.

Au bout de quelques jours, Vincent a commencé à se sentir plus énergique et motivé dès le réveil. Il était surpris de constater à quel point sa nouvelle routine matinale avait un impact positif sur sa journée. Il m'a confié : « Merci d'avoir insisté pour que je teste cette routine. Je me sens beaucoup plus dynamique et prêt à affronter la journée. Je n'aurais jamais cru qu'une simple routine matinale pouvait avoir un tel effet sur ma vie. »

Ainsi, je l'ai encouragé à poursuivre cette expérience et à adapter sa routine selon ses envies et ses besoins, afin qu'elle reste toujours source de plaisir et de motivation.

Si vous aussi, vous souhaitez créer une routine matinale dynamisante, voici quelques conseils pour vous aider dans cette démarche :

Identifiez vos besoins : Chaque personne est différente, il est donc important de prendre en compte vos besoins et vos préférences pour construire une routine matinale qui vous ressemble. Demandez-vous ce qui vous aiderait à bien démarrer la journée et à vous sentir dynamique et motivé.

Expérimentez : Essayez différentes activités pour découvrir celles qui vous procurent le plus de plaisir et d'énergie. N'hésitez pas à ajuster votre routine en fonction de vos découvertes et de vos progrès.

Soyez progressif : Inutile de chambouler complètement vos habitudes du jour au lendemain. Intégrez progressivement de nouvelles activités à votre routine matinale et observez les changements sur votre bien-être et votre motivation.

Fixez-vous des objectifs : Avoir des objectifs clairs pour la journée peut vous aider à vous sentir plus motivé et concentré. Prenez le temps chaque matin de réfléchir aux tâches que vous souhaitez accomplir et de les visualiser.

Créez un environnement propice : Assurez-vous que votre espace de vie et de travail est agréable et accueillant pour vous sentir à l'aise et motivé. Un environnement serein et organisé peut grandement faciliter la mise en place d'une routine matinale dynamisante.

En mettant en pratique ces conseils, vous pourrez créer une routine matinale qui vous apporte de l'énergie et de la motivation, et qui vous aide à démarrer chaque journée du bon pied. Tout comme Vincent, vous découvrirez peut-être que cette nouvelle routine a un impact considérable sur votre bien-être et votre réussite.

N'oubliez pas que la clé d'une routine matinale réussie est de l'adapter à vos besoins et à vos préférences, afin qu'elle vous apporte plaisir et satisfaction. Alors n'hésitez pas à expérimenter, à ajuster et à peaufiner votre routine pour en faire un véritable atout dans votre vie quotidienne. Et qui sait, peut-être deviendrez-vous vous aussi un fervent adepte des routines matinales dynamisantes, prêt à conquérir chaque nouvelle journée avec entrain et détermination.

Chapitre 4 : L'art de définir vos objectifs prioritaires

Je me souviens encore du jour où j'ai rencontré Émilie, une entrepreneure ambitieuse, qui avait l'impression de courir après le temps sans cesse. Elle jonglait entre les responsabilités professionnelles, familiales et personnelles, et pourtant, elle avait le sentiment de ne pas avancer dans la réalisation de ses projets.

Un jour, lors d'un café, elle m'a avoué : "Je suis débordée et je n'arrive pas à me concentrer sur mes objectifs. Comment fais-tu pour toujours avoir une longueur d'avance ?"

Je lui ai alors expliqué l'importance de définir ses objectifs prioritaires pour se focaliser sur l'essentiel. Voici ce que je lui ai partagé ce jour-là et que je souhaite vous transmettre aujourd'hui :

Faites le point sur vos aspirations : Prenez un moment pour réfléchir à vos aspirations personnelles et professionnelles. Qu'est-ce que vous voulez vraiment accomplir dans la vie ? Notez tous les objectifs qui vous tiennent à cœur et évaluez leur importance.

Établissez des critères de priorisation : Pour déterminer vos objectifs prioritaires, il est essentiel d'établir des critères de priorisation. Vous pouvez vous baser sur des facteurs tels que l'impact, l'urgence, les ressources nécessaires, ou encore la faisabilité.

Classez vos objectifs : Une fois vos critères définis, classez vos objectifs en fonction de leur importance. Cette étape vous permettra d'identifier clairement ceux qui méritent le plus votre attention et vos efforts.

Lorsque j'ai partagé ces conseils avec Émilie, elle a été sceptique. "Comment ça va m'aider à avancer ?" m'a-t-elle demandé. Alors, je lui ai raconté l'histoire d'Alex, un ami qui a réussi à transformer sa vie en définissant ses objectifs prioritaires.

Alex était comme Émilie, débordé et insatisfait de sa vie. Un jour, il a décidé de prendre les choses en main et de se concentrer sur ce qui comptait vraiment pour lui. Il a commencé par écrire tous ses objectifs et les classer en fonction de leur importance. Puis, il a élaboré un plan d'action pour chaque objectif prioritaire.

Le changement a été spectaculaire : en quelques mois, Alex a réussi à donner un nouveau souffle à sa carrière, améliorer ses relations avec sa famille et reprendre en main sa santé. En se focalisant sur ses objectifs prioritaires, il a libéré une énergie incroyable et a réussi à accomplir des choses dont il n'aurait jamais rêvé auparavant.

En entendant cette histoire, Émilie a compris l'importance de déterminer ses objectifs prioritaires. Elle a décidé de suivre les conseils que je lui avais donnés et de les appliquer à sa vie.

Quelques semaines plus tard, Émilie m'a appelé pour me donner des nouvelles. Elle avait suivi mes conseils et avait déjà commencé à constater des améliorations dans sa vie. Elle se sentait plus sereine, plus énergique et plus efficace dans la réalisation de ses projets.

Comme Émilie et Alex, vous pouvez vous aussi réussir à transformer votre vie en définissant vos objectifs prioritaires. Voici quelques conseils supplémentaires pour vous aider dans cette démarche :

Soyez précis et concret : Lorsque vous définissez vos objectifs, assurez-vous qu'ils sont clairs et spécifiques. Évitez les formulations vagues ou ambiguës, car elles ne vous aideront pas à vous concentrer sur les actions à entreprendre.

Décomposez les objectifs en tâches réalisables : Une fois vos objectifs prioritaires identifiés, divisez-les en sous-objectifs ou en tâches concrètes. Cela vous aidera à mieux organiser votre travail et à mesurer vos progrès.

Fixez des échéances réalistes : Il est important de se donner des échéances pour la réalisation de vos objectifs. Assurez-vous de déterminer des délais réalistes pour chaque tâche, en tenant compte de vos contraintes et de vos disponibilités.

Suivez vos progrès et ajustez si nécessaire : Surveillez régulièrement votre avancement et ajustez votre plan d'action si vous rencontrez des difficultés ou des opportunités inattendues. N'hésitez pas à revoir vos priorités si la situation l'exige.

Célébrez vos réussites : N'oubliez pas de célébrer vos succès, aussi petits soient-ils. Cela vous motivera à poursuivre vos efforts et à rester concentré sur vos objectifs prioritaires.

Lorsque j'ai revu Émilie quelques mois plus tard, elle m'a confié que sa vie avait complètement changé depuis qu'elle avait appris à définir ses objectifs prioritaires. Elle se sentait plus épanouie et confiante, et avait même réussi à décrocher la promotion qu'elle convoitait depuis des années.

En appliquant ces conseils, vous pourrez, vous aussi, définir vos objectifs prioritaires et créer une vie plus riche et épanouissante. Alors n'hésitez plus, prenez un stylo et commencez dès aujourd'hui à réfléchir à vos aspirations et aux objectifs qui méritent vraiment votre attention. Comme l'a dit un jour un sage : "Un voyage de mille lieues commence toujours par un premier pas."

Chapitre 5 : Transformer les obstacles en opportunités

Il y a quelques années, j'ai rencontré un homme nommé Marc lors d'une conférence sur le développement personnel. Marc était un entrepreneur à succès, mais il traversait une période difficile dans sa vie personnelle et professionnelle. Il avait l'impression que chaque pas en avant était suivi de deux pas en arrière. Marc m'a expliqué qu'il était constamment confronté à des obstacles et qu'il ne parvenait pas à les surmonter. Intrigué, je lui ai proposé de discuter de sa situation et de voir si je pouvais l'aider.

Nous nous sommes installés dans un coin tranquille du hall de la conférence, et Marc m'a raconté son histoire. Il avait récemment lancé un nouveau projet d'entreprise qui connaissait des problèmes de toutes sortes : difficultés financières, problèmes d'équipe, concurrence déloyale… La liste était longue.

Écoutant attentivement, je lui ai alors proposé quelques conseils pour l'aider à transformer ces obstacles en opportunités. Voici ce que je lui ai suggéré :

Changez votre perspective : Le premier pas pour transformer les obstacles en opportunités consiste à changer votre façon de voir les choses. Au lieu de considérer les problèmes comme des freins, voyez-les comme des défis à relever. Chaque difficulté peut être une occasion d'apprendre et de grandir.

Cherchez la leçon : Derrière chaque obstacle se cache une leçon à tirer. Demandez-vous : "Qu'est-ce que je peux apprendre de cette situation ?" Les enseignements que vous en tirerez vous permettront de progresser et d'éviter de reproduire les mêmes erreurs.

Adoptez une attitude positive : Une attitude positive face aux difficultés vous aidera à trouver des solutions plus rapidement. Voyez les obstacles comme des occasions d'explorer de nouvelles idées, de faire preuve de créativité et de développer de nouvelles compétences.

Trouvez du soutien : Ne restez pas isolé face à vos problèmes. Partagez vos difficultés avec des amis, des collègues ou des mentors, et sollicitez leurs conseils et leur soutien. Leur expérience et leur regard extérieur vous seront précieux pour trouver des solutions et transformer les obstacles en opportunités.

Marc écoutait attentivement mes conseils, et je pouvais voir dans ses yeux qu'il était prêt à relever le défi. Je lui ai raconté une anecdote personnelle pour illustrer mon propos. Lorsque j'ai lancé mon entreprise, je me suis retrouvé confronté à un problème de taille : je n'avais aucune expérience en gestion d'entreprise.

Plutôt que de voir cela comme un obstacle insurmontable, j'ai décidé de me former et d'apprendre tout ce que je pouvais sur le sujet. J'ai lu des livres, assisté à des séminaires et sollicité l'aide de mentors. Peu à peu, j'ai développé les compétences nécessaires pour gérer mon entreprise avec succès.

Faites preuve de résilience : La résilience est la capacité à rebondir après un échec ou une difficulté. En développant votre résilience, vous serez mieux armé pour affronter les obstacles et les transformer en opportunités. N'oubliez pas que l'échec n'est qu'un retard temporaire, pas une finition définitive. En gardant cette mentalité, vous serez plus enclin à persévérer et à trouver des solutions pour surmonter les obstacles.

Soyez flexible : La flexibilité vous permet de vous adapter aux situations changeantes et de trouver de nouvelles façons de résoudre les problèmes. Lorsque vous faites face à un obstacle, soyez prêt à revoir vos plans, à modifier vos objectifs ou à essayer de nouvelles approches pour surmonter les difficultés.

Célébrez vos succès : N'oubliez pas de célébrer vos réussites, même les plus petites. Chaque fois que vous parvenez à transformer un obstacle en opportunité, prenez le temps de savourer votre succès et de partager votre histoire avec les autres. Cela vous aidera à renforcer votre confiance en vous et à inspirer ceux qui vous entourent.

Après notre conversation, Marc semblait plus déterminé que jamais à affronter les défis de la vie et à les transformer en opportunités. Au fil des mois qui ont suivi, nous avons gardé contact et je l'ai vu progresser à pas de géant.

Marc a appliqué les conseils que je lui avais donnés avec succès. Il a redressé la situation financière de son entreprise, renforcé son équipe et trouvé des moyens innovants de se démarquer de la concurrence. Aujourd'hui, son entreprise est florissante, et il est devenu un véritable modèle de persévérance et d'optimisme pour ceux qui le connaissent.

Cette histoire illustre parfaitement l'importance de savoir transformer les obstacles en opportunités. Comme Marc, vous pouvez apprendre à surmonter les difficultés et à les transformer en leviers de croissance et de succès. Il suffit d'adopter la bonne attitude, de rester flexible et de chercher constamment à apprendre de chaque expérience.

En conclusion, rappelez-vous que chaque obstacle rencontré sur votre chemin est une occasion de grandir et de progresser. Ne laissez pas les difficultés vous abattre, mais utilisez-les plutôt comme des opportunités pour devenir une meilleure version de vous-même. Avec du courage, de la persévérance et une attitude positive, vous pouvez transformer n'importe quel obstacle en une occasion de réussite.

Maîtrisez votre temps

Chapitre 6 : Le secret de la planification optimale

L'autre jour, j'étais en train de prendre un café avec mon ami Vincent, un entrepreneur très ambitieux. Vincent avait une passion incroyable pour son travail, mais il semblait toujours débordé et stressé. Il se plaignait de ne jamais avoir assez de temps pour gérer toutes les tâches de sa vie professionnelle et personnelle.

"Je me sens toujours submergé par le travail et je ne sais jamais par où commencer", m'a-t-il avoué.

C'est alors que je me suis souvenu d'une méthode de planification que j'avais développée pour moi-même, qui m'avait beaucoup aidé à organiser mon temps et à accomplir plus de choses. J'ai décidé de partager avec Vincent le secret de la planification optimale.

"Vincent, as-tu déjà entendu parler de la méthode des blocs de temps ?", lui ai-je demandé.

"Non, ça ne me dit rien. C'est quoi ?", a-t-il répondu, intrigué.

Je lui ai expliqué que la méthode des blocs de temps consiste à diviser sa journée en blocs de temps dédiés à des tâches spécifiques. Cela permet de mieux gérer son temps, de se concentrer sur l'essentiel et de limiter les distractions. Voici les étapes clés pour mettre en place cette méthode :

Identifiez vos objectifs et priorités : Avant de commencer à planifier, il est crucial de connaître vos objectifs à court et à long terme, ainsi que les priorités associées. Cela vous permettra de vous assurer que vos efforts sont concentrés sur ce qui compte vraiment pour vous.

Déterminez les tâches essentielles : Faites la liste de toutes les tâches que vous devez accomplir pour atteindre vos objectifs. Ensuite, identifiez celles qui sont essentielles, c'est-à-dire celles qui vous rapprochent le plus de vos objectifs.

Évaluez le temps nécessaire pour chaque tâche : Estimez le temps qu'il vous faudra pour accomplir chacune des tâches essentielles. Soyez réaliste et prenez en compte les éventuelles interruptions et imprévus.

Créez vos blocs de temps : À partir de ces estimations, divisez votre journée en blocs de temps dédiés à des tâches spécifiques. Essayez de regrouper les tâches similaires ou complémentaires dans un même bloc. Par exemple, vous pourriez dédier un bloc de temps le matin aux tâches administratives, un autre l'après-midi aux réunions et un dernier en soirée pour des activités de détente.

Planifiez des pauses et du temps libre : N'oubliez pas d'inclure des pauses et du temps libre dans votre planning. Cela vous permettra de rester productif et de préserver votre bien-être mental.

Revoyez et ajustez régulièrement votre planning : Enfin, prenez le temps de réévaluer votre planning de manière régulière pour l'adapter à l'évolution de vos besoins et de vos priorités.

Après avoir expliqué ces étapes à Vincent, je lui ai proposé de l'aider à mettre en place la méthode des blocs de temps pour lui-même. Nous avons passé quelques heures ensemble à planifier sa semaine, en tenant compte de ses objectifs professionnels et personnels, de ses priorités et des contraintes de son emploi du temps. Nous avons également veillé à inclure des moments de détente et de loisirs pour préserver son bien-être.

Quelques semaines plus tard, j'ai croisé Vincent à nouveau. Il avait l'air beaucoup plus serein et épanoui. Avec un grand sourire, il m'a confié que la méthode des blocs de temps avait transformé sa vie.

"J'ai l'impression d'avoir enfin pris le contrôle de mon temps", m'a-t-il dit. "J'arrive à me concentrer sur ce qui compte vraiment pour moi, et je ne me sens plus submergé par les tâches et les responsabilités."

Ce que Vincent a vécu est la preuve du pouvoir de la planification optimale. En prenant le temps de définir vos objectifs, d'identifier vos priorités et de structurer votre journée autour de blocs de temps dédiés, vous pouvez transformer les obstacles en opportunités et accomplir bien plus que ce que vous pensiez possible.

Cependant, n'oubliez pas que la clé du succès réside dans la flexibilité et l'adaptabilité. La vie est imprévisible, et il est normal que vos priorités et vos besoins évoluent au fil du temps. N'hésitez pas à revoir régulièrement votre planning et à l'ajuster en fonction des circonstances. Et surtout, écoutez-vous et accordez-vous du temps pour vous ressourcer, vous détendre et profiter de la vie.

En appliquant ces principes, vous serez en mesure de définir vos objectifs prioritaires, de gérer votre temps avec efficacité et de maximiser votre potentiel. Alors, n'attendez plus : il est temps de mettre en pratique le secret de la planification optimale et de transformer votre vie pour le mieux.

Chapitre 7 : Éliminez les distractions et boostez votre concentration

Il y a quelques années, j'ai rencontré Martin, un ami qui était constamment débordé. Il se plaignait de ne jamais avoir assez de temps pour réaliser tout ce qu'il avait prévu et de ne jamais arriver à se concentrer sur une seule tâche. Intrigué par sa situation, j'ai décidé de lui venir en aide en partageant mes connaissances sur la gestion des distractions et l'amélioration de la concentration.

Un samedi matin, je suis allé chez Martin pour discuter de son problème. Il m'a expliqué qu'il avait du mal à rester concentré sur ses tâches, car il était constamment interrompu par des notifications sur son smartphone et des pensées parasites.

Je lui ai alors suggéré de mettre en place quelques stratégies simples pour éliminer les distractions et renforcer sa concentration.

Établir un environnement de travail propice à la concentration
Je lui ai d'abord recommandé d'aménager un espace de travail calme et confortable, sans télévision ni appareils électroniques susceptibles de le distraire. J'ai aussi suggéré d'ajouter quelques plantes pour rendre l'espace plus agréable et apaisant.

Planifier des plages horaires sans interruption

Pour éviter les interruptions constantes, je lui ai proposé de bloquer des plages horaires dédiées au travail, pendant lesquelles il s'engagerait à ne pas consulter ses messages ou ses réseaux sociaux. Nous avons convenu qu'il essaierait cette technique en réservant deux heures chaque jour pour travailler sans distraction.

Méditer pour améliorer sa concentration

Ensuite, je lui ai parlé des bienfaits de la méditation pour la concentration. Je lui ai proposé de commencer par quelques minutes de méditation chaque matin, en se concentrant sur sa respiration et en essayant de chasser les pensées parasites.

Un soir, alors que je prenais un verre avec Martin dans un bar animé, il me raconta une anecdote révélatrice. Lors d'une réunion de travail, il avait surpris son collègue Simon en train de consulter frénétiquement ses e-mails et ses réseaux sociaux, incapable de suivre la conversation. Martin, de son côté, avait réussi à rester concentré sur les échanges et avait même proposé des idées pertinentes qui avaient été appréciées par l'équipe.

"C'est incroyable comme quelques changements simples ont pu améliorer ma capacité à me concentrer, même dans des situations difficiles comme celle-ci", s'exclama-t-il.

Gérer les pensées parasites

Pour gérer les pensées parasites, je lui ai conseillé d'utiliser la technique du "parking des idées". Lorsqu'une idée non pertinente surgit pendant qu'il travaille, Martin devait noter cette idée sur un carnet dédié et s'engager à y revenir plus tard. Cela lui permettait de libérer son esprit pour se recentrer sur la tâche en cours.

Pratiquer la technique Pomodoro

Enfin, je lui ai expliqué la technique Pomodoro, qui consiste à diviser son temps de travail en périodes de 25 minutes, appelées "pomodoros", suivies d'une pause de 5 minutes. Après quatre pomodoros, il devait prendre une pause plus longue de 15 à 30 minutes. Cette méthode lui permettait de rester concentré sur une tâche pendant une courte période et de se reposer brièvement avant de reprendre son travail.

Quelques semaines plus tard, j'ai revu Martin lors d'un dîner entre amis. Il semblait radieux et plein d'énergie. Il m'a raconté que depuis qu'il avait mis en place ces différentes stratégies, il était non seulement plus concentré et productif, mais aussi plus épanoui et satisfait de sa vie en général.

"C'est fou ce que quelques ajustements peuvent changer dans la vie de tous les jours. Je me sens comme un homme nouveau, capable de faire face aux défis sans me laisser distraire par des futilités", m'a-t-il confié.

En voyant le changement positif chez Martin, j'ai compris que les techniques que je lui avais suggérées avaient un réel impact sur sa vie. Il avait réussi à transformer son quotidien en éliminant les distractions et en améliorant sa concentration, ce qui lui avait permis de se recentrer sur ses objectifs et ses priorités.

Il est essentiel de prendre conscience des obstacles qui nous empêchent de nous concentrer et d'adopter des stratégies pour les surmonter. Chacun doit trouver les méthodes qui fonctionnent le mieux pour lui, mais une chose est sûre : la clé de la réussite réside souvent dans notre capacité à rester concentré sur nos objectifs et à éliminer les distractions qui nous éloignent de notre chemin.

Alors, ne laissez pas les distractions prendre le dessus sur votre vie. Adoptez ces stratégies et d'autres encore pour booster votre concentration et atteindre vos objectifs avec succès. Vous aussi, vous pourrez alors profiter d'une vie plus épanouissante et satisfaisante.

Chapitre 8 : Techniques infaillibles pour gérer les interruptions

C'était un mardi matin, alors que je travaillais dans mon bureau, que j'ai reçu un appel de mon ami François. Il était totalement débordé et cherchait désespérément un moyen de gérer les interruptions constantes qui nuisaient à son travail et à sa vie personnelle. C'est là que je me suis dit qu'il serait intéressant de partager avec vous quelques techniques infaillibles pour gérer les interruptions et ainsi améliorer votre productivité et votre qualité de vie.

Apprenez à dire non poliment

Il y a quelques années, lors d'une conférence, j'ai rencontré un homme d'affaires prospère qui m'a donné un précieux conseil : "Apprenez à dire non avec le sourire". Depuis, je l'ai mis en pratique et cela a changé ma vie. Quand une interruption se présente, évaluez si elle est vraiment nécessaire ou si elle peut attendre. Si ce n'est pas le bon moment, dites non poliment et proposez un autre moment pour traiter la demande.

Créez des plages horaires réservées au travail sans interruption

Il était une fois, un écrivain qui ne parvenait pas à terminer son livre à cause des nombreuses interruptions quotidiennes. Un jour, il décida de réserver une plage horaire chaque jour pour se consacrer entièrement à l'écriture, sans téléphone, sans courriels, sans visiteurs. Et vous savez quoi ? Il termina enfin son livre et il vécut heureux. Comme cet écrivain, réservez des plages horaires pour vous consacrer à vos tâches importantes sans interruption. Vous serez surpris des résultats.

Planifiez vos communications

Un matin, en me promenant dans le parc, je suis tombé sur un groupe de personnes en pleine séance de brainstorming. Ils étaient concentrés, échangeant des idées et communiquant efficacement. Cela m'a rappelé combien il est important de planifier nos communications. Répondez aux e-mails, aux messages et aux appels à des moments spécifiques de la journée pour éviter les interruptions inopinées.

Sensibilisez votre entourage

Lors d'un voyage en Asie, j'ai visité une entreprise où les employés portaient des casques colorés pour indiquer leur disponibilité. Si le casque était rouge, cela signifiait "ne pas déranger". Les employés respectaient cette règle et les interruptions étaient réduites au minimum. Sensibilisez votre entourage à votre besoin de concentration et établissez des règles pour minimiser les interruptions.

Gérez les interruptions inévitables avec grâce

Un jour, alors que je travaillais sur un projet important, mon fils est entré dans mon bureau, en larmes, parce qu'il s'était blessé. Évidemment, je me suis occupé de lui immédiatement. Les interruptions inévitables font partie de la vie. Lorsqu'elles se présentent, gérez-les avec grâce et revenez rapidement à votre tâche initiale.

Utilisez la technique du "time boxing"

J'ai récemment discuté avec une femme d'affaires qui m'a parlé de la technique du "time boxing". Elle planifie ses journées en divisant son temps en blocs pour se consacrer à une tâche spécifique. Elle m'a expliqué que lorsqu'elle se consacre à une tâche pendant un bloc de temps, elle évite les interruptions et se concentre entièrement sur cette tâche. Essayez le "time boxing" pour mieux gérer les interruptions et être plus efficace.

Prévoyez du temps pour les imprévus

Un sage m'a un jour dit : "Les imprévus font partie de la vie, accepte-les et avance". En prévoyant du temps chaque jour pour les imprévus et les interruptions, vous pourrez mieux gérer ces moments sans stresser. Si un imprévu survient, traitez-le pendant ce temps alloué et continuez votre journée sereinement.

Aménagez un espace de travail propice à la concentration

Dans mon voyage à la recherche de techniques pour améliorer ma concentration, je me suis rendu compte de l'importance d'avoir un espace de travail adapté. Un espace bien organisé, calme et dédié au travail peut faire des miracles pour limiter les interruptions et booster votre concentration. Prenez le temps d'aménager cet espace et observez les résultats.

Apprenez à gérer vos propres interruptions

L'ennemi numéro un de la concentration, c'est parfois nous-mêmes. Les pensées parasites, les vérifications compulsives des réseaux sociaux ou les interruptions volontaires pour éviter une tâche difficile sont autant de freins à notre efficacité. Prenez conscience de ces comportements et travaillez à les réduire progressivement.

Utilisez des outils pour limiter les distractions numériques

Au cours d'une soirée entre amis, j'ai rencontré un développeur qui m'a parlé d'outils pour limiter les distractions numériques. Ces outils permettent de bloquer l'accès à certains sites ou applications pendant un laps de temps défini, favorisant ainsi la concentration et limitant les interruptions. N'hésitez pas à essayer ces outils pour vous aider à rester concentré sur vos tâches.

En appliquant ces techniques infaillibles, vous parviendrez à gérer les interruptions et à booster votre productivité. Mon ami François a mis en pratique ces conseils et il a pu constater une amélioration significative dans sa vie professionnelle et personnelle. Prenez le temps d'expérimenter ces méthodes et trouvez celles qui fonctionnent le mieux pour vous. Rappelez-vous, la clé du succès réside dans la concentration et la persévérance.

Chapitre 9 : La puissance de la méthode Pomodoro

Je me souviens d'une époque où je peinais à rester concentré et à terminer mes tâches dans les temps. J'avais beau essayer toutes sortes d'astuces, rien ne semblait fonctionner. C'est alors que j'ai découvert la méthode Pomodoro, une technique qui a changé ma vie et celle de nombreuses autres personnes. Dans ce chapitre, je vous dévoile le secret de la puissance de cette méthode.

Un jour, alors que je me promenais dans un parc, j'ai croisé le chemin d'un homme qui semblait extrêmement organisé et productif. Intrigué, j'ai entamé la conversation avec lui et lui ai demandé ses secrets pour gérer son temps et rester concentré. Il m'a alors parlé de la méthode Pomodoro.

La méthode Pomodoro, inventée par Francesco Cirillo dans les années 1980, consiste à découper votre travail en blocs de temps appelés "Pomodoros", d'après le minuteur de cuisine en forme de tomate utilisé par Cirillo. Un Pomodoro dure 25 minutes, suivi d'une pause de 5 minutes. Après quatre Pomodoros, vous prenez une pause plus longue de 15 à 30 minutes. Voici comment tirer profit de cette méthode pour booster votre productivité.

Choisissez une tâche à accomplir

Un matin, alors que je prenais mon café dans un petit café du quartier, je me suis rendu compte que le choix de la tâche à accomplir était essentiel pour tirer le meilleur parti de la méthode Pomodoro. Avant de commencer, identifiez la tâche que vous souhaitez accomplir et dédiez un ou plusieurs Pomodoros à sa réalisation.

Réglez votre minuteur sur 25 minutes

Installez-vous confortablement et réglez un minuteur sur 25 minutes. Vous pouvez utiliser un minuteur de cuisine, une application sur votre téléphone ou encore un minuteur en ligne. L'important est de respecter le temps imparti pour chaque Pomodoro.

Travaillez sur la tâche jusqu'à ce que le minuteur sonne

Une fois le minuteur lancé, concentrez-vous entièrement sur votre tâche. Ne pensez à rien d'autre et ne vous laissez pas distraire. Si une idée ou une pensée parasite surgit, notez-la rapidement sur un morceau de papier pour y revenir plus tard et continuez à travailler sur votre tâche.

Faites une pause de 5 minutes

Lorsque le minuteur sonne, arrêtez de travailler et accordez-vous une pause de 5 minutes. Profitez-en pour vous étirer, vous hydrater ou faire une courte promenade. Évitez de vous plonger dans d'autres activités intellectuelles ou de consulter vos emails pendant cette pause. L'objectif est de vous reposer l'esprit.

Répétez le processus

Après votre pause, réglez de nouveau votre minuteur sur 25 minutes et entamez un autre Pomodoro. Continuez ainsi jusqu'à ce que vous ayez effectué quatre Pomodoros consécutifs.

Prenez une pause plus longue

Une fois les quatre Pomodoros accomplis, accordez-vous une pause plus longue, d'environ 15 à 30 minutes. Utilisez ce temps pour vous détendre, manger un en-cas ou pratiquer une activité qui vous plaît. Cela permettra à votre esprit de se régénérer et de se préparer pour la prochaine série de Pomodoros.

Planifiez vos Pomodoros

Pour maximiser les bénéfices de la méthode Pomodoro, je vous recommande de planifier vos Pomodoros à l'avance. Chaque soir, prenez quelques minutes pour établir la liste des tâches que vous souhaitez accomplir le lendemain, et attribuez-leur un certain nombre de Pomodoros. Cette planification vous aidera à rester concentré et à aborder sereinement votre journée de travail.

J'ai personnellement adopté cette méthode depuis ma rencontre avec l'homme dans le parc, et j'ai constaté des résultats remarquables. Mon esprit est désormais plus vif et plus concentré, et je parviens à accomplir davantage en moins de temps. La méthode Pomodoro m'a également aidé à mieux gérer mon stress et à mieux profiter de mes temps de repos.

Au fil des années, j'ai partagé cette méthode avec de nombreuses personnes autour de moi, et toutes ont constaté des améliorations significatives dans leur vie quotidienne. Un ami, par exemple, m'a confié qu'il avait réussi à terminer un projet complexe en un temps record grâce à l'application de la méthode Pomodoro. Il était tellement fier de son exploit qu'il en a parlé à tout le bureau et a même organisé un atelier pour partager cette technique avec ses collègues.

Les témoignages que j'ai recueillis au fil du temps montrent que la méthode Pomodoro n'est pas seulement une simple technique de gestion du temps, mais un véritable outil de transformation personnelle. En adoptant cette méthode, vous développerez une discipline de travail qui vous aidera à accomplir vos objectifs et à surmonter les défis qui se présentent à vous.

Alors, n'attendez plus : essayez la méthode Pomodoro dès aujourd'hui et constatez par vous-même les changements positifs qu'elle peut apporter dans votre vie. Vous verrez rapidement que, avec un peu de discipline et de persévérance, vous pourrez accomplir des merveilles et atteindre des sommets insoupçonnés.

Chapitre 10 : Apprenez à déléguer pour gagner en efficacité

Je me souviens d'un moment où je me sentais débordé, pris au piège par les responsabilités qui s'accumulaient sur mon bureau. J'avais le sentiment que le poids du monde reposait sur mes épaules, et que chaque nouvelle tâche me poussait un peu plus près du point de rupture. C'est alors que j'ai rencontré François, un homme qui m'a enseigné une leçon inestimable : apprendre à déléguer pour gagner en efficacité.

François était un entrepreneur à succès, ayant bâti sa propre entreprise à partir de rien. Lorsque je lui ai raconté mes difficultés, il m'a écouté attentivement et m'a répondu d'une manière qui m'a marqué : "La clé de la réussite, mon ami, c'est de savoir s'entourer des bonnes personnes et leur donner les moyens de réussir. Apprends à déléguer et tu verras, tout deviendra plus simple."

Intrigué, j'ai décidé d'écouter ses conseils et de les mettre en pratique. Voici les principales étapes que j'ai suivies pour apprendre à déléguer et gagner en efficacité.

Identifiez les tâches à déléguer

La première étape consiste à identifier les tâches que vous pouvez déléguer. Réfléchissez aux activités que vous réalisez quotidiennement, et déterminez celles qui pourraient être confiées à quelqu'un d'autre. Par exemple, si vous passez beaucoup de temps à répondre à des courriels, pensez à déléguer cette tâche à une assistante.

Sélectionnez la bonne personne

Une fois que vous avez identifié les tâches à déléguer, il est important de choisir la personne la plus appropriée pour les réaliser. Prenez en compte les compétences et les expériences de chaque membre de votre équipe, et confiez la tâche à la personne la mieux placée pour la mener à bien. N'hésitez pas à former vos collaborateurs si nécessaire.

Expliquez clairement vos attentes

Lorsque vous déléguez une tâche, veillez à bien expliquer vos attentes à la personne concernée. Soyez clair et précis, et assurez-vous que votre collaborateur comprenne bien ce que vous attendez de lui. N'hésitez pas à mettre par écrit les objectifs et les échéances.

Accordez de l'autonomie

Il est important de donner à vos collaborateurs l'autonomie dont ils ont besoin pour réaliser les tâches que vous leur confiez. Ne cherchez pas à tout contrôler, et faites confiance à votre équipe pour accomplir les missions qui lui sont confiées.

Suivez les progrès et donnez du feedback

Assurez-vous de suivre régulièrement les progrès de vos collaborateurs, et donnez-leur des retours constructifs pour les aider à s'améliorer. Encouragez-les dans leurs réussites, et proposez-leur des solutions pour surmonter les difficultés qu'ils pourraient rencontrer.

Apprenez à lâcher prise

Déléguer implique d'accepter de lâcher prise sur certaines tâches et de faire confiance à vos collaborateurs pour les accomplir. Cette étape peut être difficile, surtout si vous avez l'habitude de tout gérer vous-même. Pourtant, apprendre à lâcher prise est essentiel pour gagner en efficacité et permettre à votre équipe de s'épanouir.

Un jour, j'étais dans mon bureau, en train de préparer une présentation importante pour un client. Mon téléphone a sonné, et c'était François. Il m'a raconté une anecdote qui m'a marqué et m'a aidé à lâcher prise.

Il était une fois un homme qui voulait traverser une rivière encombrée de rochers. Il portait un énorme sac sur le dos, ce qui rendait la traversée encore plus difficile. Un sage, qui observait l'homme depuis la rive, lui dit : "Pourquoi ne pas déposer ce sac sur le sol et traverser la rivière sans ce poids ?" L'homme s'exclama : "Mais ce sac contient tout ce que je possède ! Comment pourrais-je le laisser derrière moi ?"

Le sage répondit : "Si tu tiens tant à ce sac, il ne te reste qu'une seule option : apprendre à déléguer une partie de son poids à d'autres personnes, qui seront plus à même de le porter pour toi. Ainsi, tu pourras traverser la rivière sans te noyer."

Cette histoire m'a fait prendre conscience de l'importance de déléguer et de lâcher prise pour avancer. J'ai donc décidé de m'y atteler avec détermination.

Au fil du temps, j'ai appris à déléguer et à lâcher prise, et cela a eu un impact incroyable sur ma vie professionnelle. J'étais plus détendu, moins stressé, et j'avais enfin le temps de me concentrer sur les tâches qui comptaient vraiment. Grâce à cette nouvelle approche, j'ai pu développer mon entreprise et améliorer ma qualité de vie.

Si vous aussi, vous souhaitez gagner en efficacité et vous débarrasser du poids qui pèse sur vos épaules, n'hésitez pas à suivre les étapes que je vous ai partagées. Apprenez à déléguer, faites confiance à votre équipe, et vous verrez que le chemin vers le succès sera beaucoup plus facile à parcourir.

Créez un environnement de travail sain

Chapitre 11 : L'impact de l'espace de travail sur votre productivité

Il était une fois, dans une petite ville paisible, un homme nommé Tom qui avait du mal à rester concentré dans son travail. Chaque jour, il se rendait à son bureau avec l'espoir d'être productif, mais il se retrouvait souvent à procrastiner et à perdre un temps précieux. Un jour, Tom rencontra un expert en organisation, Victor, qui lui apprit que son espace de travail pouvait avoir un impact considérable sur sa productivité.

Victor visita le bureau de Tom et remarqua immédiatement le désordre. Les piles de papiers, les objets personnels et la disposition peu pratique de son espace de travail étaient autant de facteurs qui entravaient sa concentration. Victor lui proposa un plan pour aménager un espace de travail propice à la productivité.

La première étape consistait à éliminer le désordre. Victor conseilla à Tom de trier ses papiers et ses dossiers, de se débarrasser des objets inutiles et de ne garder que l'essentiel. Tom fut surpris de découvrir à quel point son environnement était plus clair et agréable après cette étape.

Ensuite, Victor suggéra à Tom de repenser la disposition de son bureau. Il lui expliqua que l'espace de travail idéal doit être adapté à la nature des tâches à accomplir. Pour Tom, cela signifiait créer des zones dédiées aux activités créatives, à la réflexion et à la communication avec ses collègues. Tom déplaça donc son bureau pour faire face à une fenêtre, afin de profiter de la lumière naturelle et de la vue sur la nature, sources d'inspiration pour lui.

L'aménagement de l'espace de travail passait également par la prise en compte de l'ergonomie. Victor expliqua à Tom que les douleurs physiques pouvaient être une source de distraction et nuire à sa productivité. Il l'encouragea à investir dans un fauteuil ergonomique et à ajuster la hauteur de son écran pour éviter les tensions musculaires.

Dans un coin de la pièce, Victor conseilla à Tom d'aménager un petit espace détente où il pourrait se ressourcer et se relaxer quelques minutes lors des pauses. Ils installèrent un fauteuil confortable, une petite table avec une plante verte et une sélection de livres inspirants. Cet espace permit à Tom de se déconnecter brièvement et de revenir à son travail l'esprit reposé.

Finalement, Victor parla à Tom de l'importance de personnaliser son espace de travail. Il lui suggéra d'accrocher des œuvres d'art, des photos de proches ou des citations motivantes pour créer une atmosphère inspirante et stimulante. Tom choisit quelques objets et images qui représentaient ses passions et ses objectifs, et les plaça dans son bureau pour renforcer sa motivation.

Au fil des semaines, Tom remarqua un changement significatif dans sa productivité. Grâce à son nouvel espace de travail, il parvenait à rester concentré et inspiré, et il atteignait enfin les objectifs qu'il s'était fixés. Un jour, alors qu'il sirotait un café dans son espace détente, Tom se souvint de l'époque où son bureau était en désordre et peu propice à la concentration. Il se demanda comment il avait pu travailler dans de telles conditions et réalisa à quel point l'impact de l'espace de travail sur sa productivité avait été sous-estimé.

Tom décida de partager son expérience avec ses collègues. Il leur expliqua les conseils que Victor lui avait donnés et les encouragea à repenser leurs propres espaces de travail. Chacun d'eux prit le temps d'analyser son environnement et de l'adapter à ses besoins, créant ainsi des espaces personnalisés et fonctionnels.

Leurs échanges autour de l'aménagement des bureaux se transformèrent en véritable source d'inspiration. Les collègues partageaient des astuces, des anecdotes et des découvertes, enrichissant leur expérience et leur compréhension de l'importance d'un espace de travail bien pensé. Ils se rendirent compte que l'optimisation de leur environnement les aidait non seulement à gagner en productivité, mais également à ressentir davantage de satisfaction dans leur travail.

Les mois passèrent, et l'entreprise de Tom connut une croissance significative. Les collaborateurs étaient plus efficaces, créatifs et épanouis. Tom, lui, se sentait enfin maître de son temps et de ses objectifs, grâce aux changements apportés à son espace de travail.

Un soir, après une journée de travail particulièrement productive, Tom rencontra Victor pour le remercier. Ils prirent un verre ensemble et discutèrent des succès de l'entreprise, mais aussi des défis qui l'attendaient. Victor, satisfait d'avoir pu aider Tom, lui glissa quelques conseils supplémentaires pour maintenir cette dynamique positive.

Tom rentra chez lui ce soir-là avec une confiance renouvelée en lui et en ses capacités. Il comprit que l'amélioration de son espace de travail n'était qu'une étape dans son parcours vers la réussite, et que le véritable secret résidait dans sa volonté de s'adapter, d'apprendre et de grandir. Ce jour-là, Tom se fit la promesse de toujours chercher à améliorer son environnement, tant professionnel que personnel, afin de devenir la meilleure version de lui-même.

Chapitre 12 : La bonne posture pour travailler plus longtemps sans douleur

Lors d'une journée de travail particulièrement intense, je me retrouvai avec des douleurs lancinantes dans le dos et le cou. Je n'arrivais plus à me concentrer, tellement j'étais préoccupé par ces maux persistants. Dans mon entourage, je n'étais pas le seul à souffrir de ces douleurs. Il était temps de trouver des solutions pour y remédier.

Un jour, en faisant des recherches pour soulager ces douleurs, je tombai sur un article expliquant l'importance de la posture dans le bien-être au travail. Cet article évoquait comment une bonne posture pouvait réduire les douleurs et augmenter notre endurance au travail. Intrigué, je décidai de me lancer dans l'aventure pour partager ces informations avec mes lecteurs.

Commençons par une histoire. Mon ami Benjamin était développeur informatique et passait des heures devant son écran. Un jour, alors qu'il s'était enfoncé dans son fauteuil de bureau, une vive douleur dans le dos le saisit. Benjamin consulta un ostéopathe, qui lui expliqua que sa mauvaise posture était à l'origine de ses problèmes. Il lui recommanda d'améliorer sa posture au travail pour éviter que ces douleurs ne s'aggravent.

Benjamin, bien décidé à suivre ces conseils, entreprit plusieurs changements dans sa manière de travailler. Il modifia la hauteur de son écran et de sa chaise, ainsi que la position de son clavier et de sa souris. De plus, il se mit à prendre des pauses régulières pour se dégourdir et étirer son corps.

Au bout de quelques semaines, les douleurs de Benjamin avaient pratiquement disparu, et il se sentait beaucoup plus énergique au travail. Cela m'inspira à explorer les différentes postures de travail et à les partager avec vous.

La posture assise : Si vous travaillez assis, veillez à ce que vos pieds reposent à plat sur le sol et que vos genoux forment un angle de 90 degrés. Gardez votre dos droit et vos épaules détendues. L'écran de votre ordinateur doit être à la hauteur de vos yeux, afin de ne pas forcer votre cou à s'incliner. Si vous tapez sur un clavier, maintenez vos poignets droits et positionnez votre souris de manière à ne pas avoir à trop étendre votre bras.

La posture debout : Si vous travaillez debout, assurez-vous que votre écran est à la bonne hauteur pour éviter de pencher la tête vers le bas. Gardez vos pieds légèrement écartés et vos genoux légèrement fléchis. Tenez-vous droit, en gardant vos épaules détendues et votre poitrine ouverte. Pensez à utiliser un tapis antifatigue pour soulager la pression sur vos jambes et vos pieds.

Il est important de noter que rester dans la même position trop longtemps peut aussi causer des douleurs. N'hésitez pas à varier vos postures et à prendre des pauses régulières pour étirer vos muscles.

Je me souviens d'un atelier auquel j'avais participé, animé par une coach en ergonomie. Elle nous avait enseigné des exercices simples à faire au bureau pour soulager la tension et améliorer notre posture. Je vais vous en partager quelques-uns, car ils m'ont aidé à travailler plus longtemps sans douleur.

Étirement du cou : Penchez lentement votre tête vers l'épaule gauche et maintenez cette position pendant quelques secondes. Vous devriez ressentir un étirement sur le côté droit de votre cou. Revenez à la position initiale et répétez l'exercice de l'autre côté. Faites cet étirement plusieurs fois par jour pour soulager la tension dans votre cou.

Rotation des épaules : Asseyez-vous bien droit sur votre chaise, les pieds à plat sur le sol. Levez vos épaules et faites-les rouler vers l'arrière, puis vers le bas, et enfin vers l'avant. Répétez cet exercice plusieurs fois pour détendre vos muscles et éviter les tensions dans les épaules.

Étirement du dos : Placez vos mains derrière la tête et penchez-vous en arrière, en poussant vos coudes vers l'arrière. Essayez de regarder vers le plafond tout en étirant le haut de votre dos. Revenez lentement à la position initiale et répétez plusieurs fois.

Il est essentiel de se rappeler que la clé d'une bonne posture réside dans la prévention. Plus vous travaillerez sur votre posture au quotidien, moins vous risquerez de développer des douleurs liées à de mauvaises habitudes. Adoptez les conseils de ce chapitre et partagez-les avec vos collègues pour que vous puissiez tous travailler plus longtemps sans douleur.

Pour conclure ce chapitre, j'aimerais vous raconter une anecdote personnelle. Lorsque j'ai commencé à appliquer ces conseils, je me suis rendu compte que j'étais moins fatigué à la fin de la journée. Mon niveau d'énergie avait augmenté, et je me sentais plus productif. Cela m'a permis de mieux gérer mes tâches et d'être plus efficace dans mon travail.

Alors, n'attendez plus pour intégrer ces conseils à votre routine quotidienne. La bonne posture est un investissement à long terme pour votre santé et votre productivité. Prenez soin de votre corps, et il vous le rendra au centuple en vous permettant de travailler plus longtemps sans douleur.

Chapitre 13 : Les indispensables pour maintenir votre énergie tout au long de la journée

Un matin ensoleillé, je me suis réveillé avec une énergie débordante, prêt à conquérir le monde. Je savais que j'avais une longue journée de travail devant moi, et pourtant, je ne craignais pas la fatigue. Pourquoi ? Parce que j'avais mis en place des stratégies pour maintenir mon énergie tout au long de la journée. Dans ce chapitre, je vais partager avec vous ces indispensables qui m'ont aidé à garder le rythme et à rester productif.

Le petit-déjeuner : Manger un petit-déjeuner équilibré est essentiel pour commencer la journée du bon pied. Les matins où je ne prenais pas le temps de manger, je le payais cher en manque d'énergie. Désormais, je m'assure de manger des aliments riches en protéines, en fibres et en bonnes graisses pour me donner un coup de fouet et éviter les fringales au cours de la matinée.

L'hydratation : Si je devais choisir une seule astuce pour garder mon énergie, ce serait celle-ci : boire de l'eau régulièrement. L'hydratation est cruciale pour le bon fonctionnement de notre corps, et une déshydratation même légère peut causer de la fatigue. Je garde toujours une bouteille d'eau à portée de main et m'efforce de boire au moins deux litres par jour.

Les pauses régulières : N'oubliez pas de vous accorder des pauses tout au long de la journée pour vous détendre et vous ressourcer. Pendant ces pauses, je fais des étirements, je marche un peu, ou je médite pour me recentrer. Ces moments me permettent de revenir au travail avec un esprit frais et plus d'énergie.

L'alimentation : Bien manger est crucial pour maintenir son énergie. J'évite les aliments trop sucrés ou gras qui provoquent des pics d'énergie suivis de baisses soudaines. Je privilégie plutôt des repas équilibrés, riches en protéines, en légumes et en glucides complexes.

La sieste : Si vous pouvez vous le permettre, une courte sieste de 20 minutes en début d'après-midi peut faire des merveilles pour recharger vos batteries. Personnellement, la sieste m'aide à repartir de plus belle et à être plus efficace pour le reste de la journée.

L'exercice physique : L'activité physique est un excellent moyen de booster son énergie. Je fais régulièrement du sport, même si ce n'est que quelques minutes de marche ou de stretching au bureau. L'exercice permet d'oxygéner notre corps et notre cerveau, ce qui nous rend plus alertes et énergiques.

Laissez-moi vous raconter une anecdote. Un jour, alors que je devais terminer un projet important, j'ai senti mon énergie s'épuiser. J'ai décidé d'aller courir un peu dans le parc voisin. À mon retour, je me sentais rafraîchi et j'ai réussi à finir mon travail avec brio. Cette expérience m'a fait réaliser à quel point l'exercice est bénéfique pour maintenir notre énergie.

La gestion du stress : Apprendre à gérer le stress est essentiel pour maintenir une énergie stable tout au long de la journée. Le stress nous épuise et diminue notre productivité. Pour ma part, j'ai adopté différentes techniques pour mieux gérer mon stress, comme la méditation, la respiration profonde ou la tenue d'un journal de bord. Trouvez la méthode qui vous convient le mieux et intégrez-la dans votre routine quotidienne.

Le sommeil : Une bonne nuit de sommeil est primordiale pour recharger nos batteries et nous préparer à affronter une nouvelle journée. Je m'assure de dormir suffisamment et de respecter mon rythme circadien en me couchant et en me levant à des heures régulières. Si vous avez du mal à dormir, explorez différentes techniques pour améliorer votre hygiène de sommeil, comme éviter les écrans avant de dormir, créer un environnement propice au sommeil ou adopter une routine relaxante avant de vous coucher.

Les relations sociales : Passer du temps avec des personnes que nous apprécions et qui nous font du bien est un excellent moyen de recharger nos batteries. Il ne faut pas négliger l'impact des interactions sociales sur notre bien-être et notre énergie. Que ce soit une pause-café avec un collègue ou un appel à un ami, accordez-vous des moments pour vous connecter avec les autres.

La motivation : Cultiver sa motivation est également essentiel pour garder son énergie. Fixez-vous des objectifs clairs et inspirants qui vous donneront envie de vous lever chaque matin et de vous donner à 100 %. Prenez le temps de célébrer vos succès, même les plus petits, pour entretenir votre motivation et votre énergie.

Pour conclure, maintenir son énergie tout au long de la journée demande une certaine discipline et une attention portée à notre corps et notre esprit. En adoptant ces indispensables et en les adaptant à vos besoins, vous pourrez travailler plus longtemps et avec plus d'efficacité. N'oubliez pas qu'il est important de trouver un équilibre entre votre vie professionnelle et personnelle pour préserver votre santé et votre bien-être sur le long terme.

Chapitre 14 : La clé pour éviter le burn-out

Je me souviens d'un après-midi, alors que je me trouvais dans mon bureau, une sensation de vide et d'épuisement m'envahit. J'étais incapable de me concentrer, et chaque tâche semblait insurmontable. J'ai réalisé que je m'approchais dangereusement du burn-out. Depuis, j'ai appris à reconnaître les signes avant-coureurs et à mettre en place des stratégies pour éviter de sombrer à nouveau. Voici les clés qui m'ont aidé à éviter le burn-out et que je souhaite partager avec vous.

Écoutez votre corps : Nous avons tendance à ignorer les signaux d'alerte que notre corps nous envoie. Pourtant, il est essentiel d'être à l'écoute de nos sensations et de notre bien-être. Si vous vous sentez fatigué, irritable, ou que vous souffrez de maux de tête fréquents, il est peut-être temps de prendre du recul et d'évaluer votre situation.

Apprenez à dire non : L'une des principales raisons pour lesquelles nous nous retrouvons surmenés est que nous avons du mal à dire non. Il est important d'apprendre à établir des limites et à protéger notre temps et notre énergie. J'ai moi-même dû apprendre à refuser certaines sollicitations pour me préserver et éviter de me surcharger de travail.

Établissez des priorités : Pour éviter le burn-out, il est crucial de déterminer quelles sont vos priorités et de vous concentrer sur elles. Cela signifie parfois laisser de côté certaines tâches moins importantes pour vous consacrer à celles qui ont un impact réel sur votre vie et votre travail.

Trouvez un équilibre entre vie professionnelle et personnelle : Il est fondamental de trouver un équilibre entre votre travail et vos activités personnelles pour prévenir le burn-out. Accordez-vous du temps pour vous, pour vous détendre et vous ressourcer. Ainsi, vous pourrez revenir à votre travail avec un esprit frais et reposé.

Un jour, alors que je discutais avec un ami, il me raconta une anecdote qui m'a marqué : il avait décidé de prendre une semaine de vacances pour se ressourcer, loin de son travail et de ses responsabilités. À son retour, il se sentait revigoré et avait retrouvé sa motivation. Cela m'a rappelé l'importance de s'accorder des moments de pause pour éviter l'épuisement.

Cultivez des relations saines : Entourez-vous de personnes positives et bienveillantes, qui vous soutiennent et vous encouragent. Évitez les relations toxiques qui drainent votre énergie et peuvent contribuer à votre burn-out.

Prenez soin de votre santé : Adoptez un mode de vie sain, en veillant à votre alimentation, en faisant de l'exercice régulièrement et en dormant suffisamment. Un corps en bonne santé est plus résilient face au stress et à l'épuisement.

Cherchez du soutien : Si vous sentez que vous êtes en train de sombrer dans le burn-out, n'hésitez pas à demander de l'aide. Parlez de votre situation à des amis, des collègues ou à un professionnel. Ils peuvent vous apporter un soutien précieux et vous aider à trouver des solutions pour mieux gérer votre stress et prévenir l'épuisement.

Pratiquez la gratitude : Prenez le temps de vous concentrer sur les aspects positifs de votre vie et de remercier pour ce que vous avez. La gratitude peut vous aider à adopter une perspective plus optimiste et à réduire le stress.

Je me souviens d'une discussion avec un collègue qui traversait une période difficile. Je lui ai conseillé de tenir un journal de gratitude, où il noterait chaque jour trois choses pour lesquelles il était reconnaissant. Il m'a confié que cet exercice l'avait aidé à prendre conscience de toutes les bonnes choses qui l'entouraient et à retrouver un certain équilibre.

Développez des stratégies de gestion du stress : Apprenez à identifier les situations qui déclenchent votre stress et mettez en place des stratégies pour y faire face. Cela peut inclure des techniques de relaxation, la méditation ou la pratique d'une activité sportive.

Acceptez l'imperfection : Nous avons souvent tendance à vouloir tout contrôler et à chercher la perfection. Pourtant, il est important de se rappeler que l'imperfection fait partie de la nature humaine et que nous devons apprendre à l'accepter. Lâchez prise et apprenez à vous accorder de la bienveillance pour éviter de vous mettre trop de pression et de vous épuiser.

En appliquant ces conseils et en restant attentif aux signaux d'alerte, vous serez en mesure de prévenir le burn-out et de préserver votre bien-être physique et mental. Rappelez-vous qu'il est important de prendre soin de vous et de vous accorder le temps et l'espace nécessaires pour vous ressourcer. Ainsi, vous pourrez aborder votre travail et votre vie quotidienne avec énergie et sérénité.

Chapitre 15 : La valeur insoupçonnée des pauses régulières

Il était une fois, lors d'une chaude journée d'été, alors que je travaillais sur un projet important avec des délais serrés, je réalisai soudainement la valeur insoupçonnée des pauses régulières. Voici ce que j'ai appris au fil de cette expérience, qui m'a permis de gagner en productivité et en bien-être.

Les pauses régulières permettent de se ressourcer : Travailler sans interruption pendant de longues heures peut rapidement épuiser notre énergie et notre concentration. J'ai remarqué que, lorsque je m'accordais une pause de quelques minutes toutes les heures, mon esprit se ressourçait, et je revenais à mon travail avec un regain d'énergie et de motivation.

Cela me rappelle une anecdote amusante où j'étais en plein brainstorming avec mes collègues. Nous étions bloqués sur une idée depuis un moment, puis après une pause, l'un d'entre nous a soudainement eu une idée brillante, et tout est devenu plus clair.

Les pauses aident à prévenir la fatigue mentale : Lorsqu'on se concentre trop longtemps sur une tâche, notre esprit peut devenir fatigué, ce qui rend difficile de maintenir notre efficacité. En prenant des pauses régulières, je me suis aperçu que ma fatigue mentale diminuait, me permettant ainsi de rester productif plus longtemps.

Les pauses favorisent la créativité : En m'accordant des pauses, j'ai constaté que mon esprit vagabondait souvent, explorant de nouvelles idées et perspectives. Ces moments de rêverie ont parfois été à l'origine de solutions créatives à des problèmes complexes que je rencontrais dans mon travail.

Les pauses renforcent l'apprentissage et la mémorisation : Lorsque je me suis retrouvé à étudier de nouvelles informations ou à apprendre de nouvelles compétences, j'ai découvert que faire des pauses régulières me permettait d'assimiler plus facilement ces nouvelles connaissances et de les retenir plus longtemps.

Un jour, un ami m'a parlé de sa technique d'apprentissage : il étudiait pendant 25 minutes puis faisait une pause de 5 minutes. Il répétait ce cycle quatre fois avant de prendre une pause plus longue de 20 minutes. Cette méthode, connue sous le nom de technique Pomodoro, a fait des merveilles pour lui.

Les pauses réduisent le stress : Accorder du temps pour se détendre et se déconnecter du travail peut aider à évacuer le stress accumulé. Durant ces pauses, j'ai pris l'habitude de pratiquer des exercices de respiration profonde ou de méditer quelques minutes, ce qui m'a aidé à me sentir plus calme et centré.

Les pauses favorisent les interactions sociales : En faisant une pause, je me suis souvent retrouvé à discuter avec mes collègues ou à partager un moment convivial autour d'un café. Ces interactions sociales ont renforcé nos relations professionnelles et ont eu un impact positif sur notre collaboration.

Je me souviens d'une fois où, lors d'une pause-café, un collègue et moi avons échangé sur nos projets respectifs. Cet échange nous a permis de découvrir des synergies entre nos travaux, et nous avons fini par collaborer sur un projet commun qui a connu un franc succès.

Les pauses améliorent la santé physique : Rester assis pendant de longues heures peut avoir des conséquences néfastes sur notre santé. J'ai trouvé que prendre des pauses régulières pour m'étirer ou faire une courte promenade était bénéfique pour mon corps et me permettait de travailler plus longtemps sans douleur ni inconfort.

Les pauses permettent de mieux gérer le temps : Faire des pauses régulières m'a également aidé à structurer ma journée de travail. En ayant un cadre pour organiser mon temps, j'ai constaté une amélioration de ma gestion des tâches et de ma productivité.

Pour illustrer cette idée, je vous raconte cette fois où j'ai rencontré un mentor en gestion du temps. Il m'a enseigné l'importance de planifier des pauses pour segmenter la journée et se fixer des objectifs réalisables pour chaque segment. Cette approche a révolutionné ma façon de travailler et m'a permis d'être beaucoup plus efficace.

Les pauses aident à maintenir une perspective équilibrée : Enfin, accorder du temps pour s'éloigner de notre travail nous permet de prendre du recul et d'évaluer notre situation avec plus de clarté. Cela m'a souvent permis de mieux hiérarchiser mes priorités et d'éviter de m'enliser dans des détails sans importance.

En conclusion, j'ai découvert au fil du temps que les pauses régulières offrent une valeur insoupçonnée pour notre productivité, notre créativité, notre bien-être et notre santé. Je vous encourage donc, chers lecteurs, à intégrer ces pauses dans votre routine quotidienne et à observer les bienfaits qu'elles peuvent apporter à votre vie professionnelle et personnelle.

N'oubliez pas, il est essentiel de prendre soin de soi pour mieux avancer dans la vie et dans le travail. Une pause régulière peut être la clé pour débloquer tout votre potentiel et vous permettre d'atteindre vos objectifs avec sérénité et efficacité. Alors, faites une pause, inspirez profondément et reprenez le cours de votre journée, armé d'une nouvelle énergie et d'une motivation renouvelée.

Cultivez les bonnes habitudes

Chapitre 16 : Comment instaurer une routine gagnante

J'ai toujours été un grand fan des routines. Au fil des années, j'ai constaté que suivre une routine structurée m'aide à rester concentré, organisé et à maximiser ma productivité. Dans ce chapitre, je souhaite partager avec vous comment j'ai réussi à instaurer une routine gagnante qui a transformé ma vie professionnelle et personnelle.

Tout d'abord, il est important de comprendre que chaque individu est différent et que la routine idéale pour une personne peut ne pas convenir à une autre. J'ai passé du temps à expérimenter et à ajuster ma routine pour trouver ce qui fonctionnait le mieux pour moi.

Planifiez votre journée la veille

L'une des choses que j'ai trouvées essentielles pour établir une routine gagnante est de planifier ma journée la veille. Avant de me coucher, je passe quelques minutes à réfléchir aux tâches que je veux accomplir le lendemain et à les noter. Cela me permet de commencer la journée avec un plan clair en tête et de ne pas perdre de temps à décider ce que je dois faire en premier.

L'histoire de Thomas, un ami entrepreneur, illustre parfaitement cette stratégie. Thomas a créé sa propre entreprise, mais il avait du mal à gérer son temps et à se concentrer sur les tâches prioritaires. Lorsqu'il a commencé à planifier sa journée la veille, il a vu une nette amélioration de sa productivité et de sa capacité à atteindre ses objectifs.

Établissez des rituels matinaux

Commencer la journée par des rituels matinaux peut vous aider à vous sentir énergisé et prêt à affronter les défis de la journée. Pour ma part, je commence chaque matin par une séance de méditation de 10 minutes, suivie d'une séance d'exercice et d'un petit déjeuner nutritif. Ces activités me permettent de me réveiller en douceur et de préparer mon corps et mon esprit pour la journée à venir.

Fixez des objectifs quotidiens réalisables

Au lieu de me fixer des objectifs surdimensionnés, j'ai découvert que la clé de la réussite réside dans la fixation d'objectifs quotidiens réalisables. Ces objectifs plus petits me permettent de mesurer mon progrès de manière plus concrète et m'aident à rester motivé.

Je me souviens d'une conversation avec mon ami Pierre, qui était débordé par son travail et se sentait constamment submergé. Je lui ai conseillé d'essayer de diviser ses projets en tâches plus petites et de se fixer des objectifs quotidiens réalisables. Il m'a remercié plus tard, car cela l'a aidé à gérer son stress et à améliorer son efficacité au travail.

Prévoyez des moments de détente

Il est crucial de prévoir des moments de détente tout au long de la journée pour éviter l'épuisement professionnel. Personnellement, je m'accorde des pauses régulières pour me lever, m'étirer et me déconnecter du travail pendant quelques minutes. Cela m'aide à rester frais et concentré sur la durée.

Évaluez et ajustez votre routine

Il est important d'évaluer régulièrement votre routine pour vous assurer qu'elle reste adaptée à vos besoins et objectifs. N'hésitez pas à ajuster votre routine en fonction des changements dans votre vie ou de nouvelles découvertes sur ce qui fonctionne le mieux pour vous. La flexibilité est la clé du succès à long terme.

Mon ami Martin, par exemple, a dû ajuster sa routine de travail lorsqu'il a commencé à travailler à domicile. En expérimentant et en adaptant sa routine, il a finalement trouvé un équilibre qui lui permettait de rester productif et d'éviter la procrastination.

Trouvez un partenaire de responsabilité

Avoir quelqu'un pour vous soutenir et vous motiver peut faire toute la différence. Trouvez un partenaire de responsabilité avec qui partager vos objectifs et vos progrès. Ce soutien mutuel peut vous aider à rester sur la bonne voie et à vous encourager à continuer à travailler sur votre routine gagnante.

Lors d'un séminaire, j'ai rencontré Sophie, une femme d'affaires prospère qui attribuait en partie son succès à sa relation avec sa partenaire de responsabilité. Elles se rencontraient chaque semaine pour discuter de leurs objectifs, de leurs réalisations et des difficultés qu'elles rencontraient. Cet échange leur a permis de rester concentrées et engagées dans leur routine.

Célébrez vos succès

N'oubliez pas de célébrer vos succès et de vous récompenser pour vos efforts. Cela renforce votre motivation et vous encourage à continuer à travailler sur votre routine gagnante. Chaque fois que j'atteins un objectif important, je m'accorde une récompense, comme un repas dans un restaurant que j'aime ou un week-end de détente.

En résumé, instaurer une routine gagnante peut avoir un impact significatif sur votre productivité et votre bien-être. Prenez le temps de planifier votre journée, établissez des rituels matinaux, fixez des objectifs réalisables, accordez-vous des moments de détente, évaluez et ajustez votre routine, trouvez un partenaire de responsabilité et célébrez vos succès. Ces étapes vous aideront à créer une routine qui vous soutiendra dans la réalisation de vos objectifs et vous permettra de vivre une vie équilibrée et épanouissante.

Chapitre 17 : L'importance d'une hygiène de vie équilibrée

Je ne peux pas insister assez sur l'importance d'une hygiène de vie équilibrée pour améliorer la qualité de vie et la productivité au travail. Avoir une hygiène de vie saine peut aider à réduire le stress, augmenter l'énergie et la créativité, et soutenir un meilleur équilibre travail-vie personnelle.

Lors d'un voyage d'affaires, j'ai rencontré Paul, un entrepreneur à succès qui semblait toujours en bonne santé, heureux et productif. Intrigué, je lui ai demandé comment il parvenait à maintenir un tel équilibre dans sa vie. Il m'a révélé que sa clé résidait dans l'adoption d'une hygiène de vie équilibrée.

Voici quelques conseils pour instaurer une hygiène de vie équilibrée :

Adoptez une alimentation saine et équilibrée

Une alimentation riche en fruits, légumes, protéines maigres et grains entiers est essentielle pour maintenir une bonne santé et fournir l'énergie dont vous avez besoin tout au long de la journée. Essayez d'éviter les aliments transformés et riches en sucre qui peuvent vous donner un coup de pouce d'énergie temporaire, mais vous laisser épuisé par la suite.

Je me rappelle encore des paroles de Paul : « J'ai constaté une énorme différence dans ma productivité lorsque j'ai commencé à bien manger. Mes niveaux d'énergie étaient beaucoup plus stables, et je pouvais rester concentré pendant de plus longues périodes. »

Faites de l'exercice régulièrement

L'activité physique est non seulement bénéfique pour le corps, mais aussi pour l'esprit. Faire de l'exercice peut aider à améliorer votre humeur, réduire le stress et augmenter la concentration. Essayez de faire au moins 30 minutes d'exercice par jour, que ce soit de la marche, du vélo, de la natation ou des séances de musculation.

Paul m'a confié que son rituel de jogging matinal lui permettait de se réveiller, de réfléchir et de se préparer mentalement pour la journée à venir.

Dormez suffisamment

Un sommeil de qualité est crucial pour rester en bonne santé et productif. Essayez de dormir entre 7 et 9 heures par nuit et respectez un horaire de sommeil régulier, même pendant les week-ends. Assurez-vous également que votre environnement de sommeil est propice à la détente, en évitant les distractions et en maintenant une température confortable.

J'ai pris à cœur les conseils de Paul concernant le sommeil et j'ai remarqué une amélioration significative de ma concentration et de ma productivité.

Gérez votre stress

Le stress chronique peut avoir des effets néfastes sur votre santé physique et mentale. Trouvez des moyens de gérer votre stress, que ce soit par la méditation, le yoga, la respiration profonde, l'écriture ou la conversation avec un ami ou un thérapeute.

Un soir, après une journée particulièrement stressante, Paul m'a invité à assister à un cours de yoga avec lui. Je suis sorti de cette séance détendu et revigoré, prêt à affronter les défis du lendemain avec un esprit clair et concentré.

Maintenez un réseau social solide

Les relations sont un aspect essentiel du bien-être. Cultivez des amitiés et des relations familiales saines pour vous apporter soutien et encouragement. Prenez le temps de vous connecter avec les personnes qui vous sont chères, que ce soit en personne, par téléphone ou en ligne.

Paul me raconta comment il avait un groupe d'amis avec lesquels il se réunissait régulièrement pour discuter et échanger des idées. Ces rencontres lui permettaient de décompresser et de se sentir soutenu dans ses efforts.

Apprenez à dire non

Il est important de préserver votre temps et votre énergie pour les choses qui sont vraiment importantes pour vous. Apprenez à dire non lorsque cela est nécessaire pour maintenir un équilibre dans votre vie et éviter de vous surmener.

Paul m'expliqua comment, au début de sa carrière, il avait du mal à dire non et se retrouvait souvent débordé. En apprenant à établir des limites, il put mieux gérer son temps et se concentrer sur ce qui comptait vraiment.

Faites régulièrement le point sur vos priorités

Assurez-vous que vos objectifs et vos priorités sont clairs, et ajustez-les en fonction de vos besoins et de vos valeurs. En ayant une vision claire de ce qui est important pour vous, il sera plus facile de prendre des décisions et de rester concentré sur vos objectifs.

En suivant ces conseils et en adoptant une hygiène de vie équilibrée, vous serez en meilleure position pour gérer les exigences de la vie professionnelle et personnelle, tout en préservant votre santé et votre bien-être. Je suis reconnaissant envers Paul de m'avoir partagé sa sagesse et je suis ravi de pouvoir partager ces conseils avec vous, mes chers lecteurs. Puissiez-vous également trouver l'équilibre et la réussite dans votre vie grâce à une hygiène de vie saine et équilibrée.

Chapitre 18 : La technique des petits pas pour de grands succès

Il y a quelque temps, j'ai rencontré un homme du nom de Thomas, un entrepreneur prospère qui avait bâti un empire à partir de rien. J'étais intrigué par sa réussite et je voulais en savoir plus sur la manière dont il avait atteint un tel niveau de succès. À ma grande surprise, Thomas m'a expliqué que la clé de sa réussite reposait sur une méthode simple : la technique des petits pas. Ce chapitre se concentrera sur cette approche et sur la manière dont vous pouvez l'appliquer dans votre propre vie pour obtenir de grands succès.

Comprenez la philosophie des petits pas

La technique des petits pas repose sur l'idée de diviser de grands objectifs en une série de tâches plus petites et plus gérables. En se concentrant sur ces tâches plus petites, vous pouvez réaliser des progrès constants et mesurables, sans vous sentir dépassé ou découragé. Thomas m'a confié que cette méthode l'avait aidé à rester concentré et motivé tout au long de sa carrière.

Identifiez vos objectifs principaux

Pour commencer à appliquer la technique des petits pas, vous devez d'abord déterminer quels sont vos objectifs principaux. Réfléchissez à ce que vous voulez accomplir dans votre vie, qu'il s'agisse d'un objectif professionnel, personnel ou financier. Ensuite, décomposez ces objectifs en étapes plus petites et plus gérables. Par exemple, si votre objectif est de monter votre propre entreprise, les étapes pourraient inclure l'élaboration d'un plan d'affaires, la recherche de financement et la mise en place d'une équipe.

Créez un plan d'action

Maintenant que vous avez identifié vos objectifs principaux et les étapes pour les atteindre, il est temps de créer un plan d'action. Établissez un calendrier pour chaque étape, en veillant à ce qu'il soit réaliste et réalisable. Thomas m'a confié qu'il avait toujours un calendrier clair pour chacun de ses projets, ce qui lui permettait de rester organisé et de ne pas se laisser submerger.

Engagez-vous à travailler chaque jour

La clé de la technique des petits pas est la constance. Engagez-vous à travailler sur vos objectifs chaque jour, même si ce n'est que pour quelques minutes. Même les plus petites avancées peuvent s'accumuler au fil du temps et contribuer à un succès plus important.

Un soir, Thomas me raconta qu'il avait décidé de lire un livre sur le marketing pour améliorer ses compétences. Au lieu de tenter de le lire en une seule fois, il s'engagea à lire un chapitre par jour. À la fin du mois, il avait terminé le livre et avait acquis une mine de nouvelles connaissances.

Célébrez vos réalisations

Il est important de reconnaître et de célébrer vos réalisations, quelle que soit leur taille. Cela vous permet de rester motivé et de maintenir votre élan. Thomas me raconta qu'il avait pris l'habitude de célébrer chaque étape franchie, qu'il s'agisse d'un nouveau contrat signé ou d'une étape importante de son entreprise. Cette célébration l'aidait à rester concentré et à se rappeler de tout le chemin parcouru.

Ne craignez pas l'échec

Il est inévitable que vous rencontriez des obstacles et des échecs en cours de route. Toutefois, ne les laissez pas vous décourager. Au lieu de cela, considérez-les comme des opportunités d'apprentissage et utilisez-les pour affiner votre approche. Thomas m'a avoué que certains de ses plus grands succès étaient venus après des échecs, car ils l'avaient forcé à revoir sa stratégie et à trouver de nouvelles façons de surmonter les défis.

Soyez patient et persévérant

La technique des petits pas peut sembler lente au début, mais avec le temps, vous constaterez que vos efforts portent leurs fruits. Il est important de rester patient et persévérant, même lorsque les progrès semblent minimes. Rappelez-vous que chaque pas en avant vous rapproche de votre objectif principal.

Un matin, au cours d'une promenade, Thomas m'a confié qu'il avait failli abandonner à plusieurs reprises. Cependant, il avait persévéré, en se rappelant que chaque effort qu'il faisait le rapprochait de ses objectifs. Grâce à cette persévérance, il avait finalement atteint un succès inimaginable.

Adaptez-vous et ajustez

Enfin, il est essentiel d'être flexible et de vous adapter à mesure que votre situation évolue. Vous devrez peut-être ajuster vos objectifs ou votre plan d'action en cours de route, et c'est tout à fait normal. La clé est de rester concentré sur l'objectif principal tout en étant prêt à faire des changements si nécessaire.

En résumé, la technique des petits pas peut vous aider à atteindre de grands succès en vous concentrant sur des tâches plus petites et plus gérables. En mettant en pratique les conseils de Thomas, vous pouvez progressivement atteindre vos objectifs et réaliser vos rêves. Prenez le temps de comprendre la philosophie des petits pas, identifiez vos objectifs principaux, créez un plan d'action, engagez-vous à travailler chaque jour, célébrez vos réalisations, ne craignez pas l'échec, soyez patient et persévérant, et adaptez-vous et ajustez au besoin. Avec ces étapes, vous serez sur la voie du succès, tout comme Thomas.

Chapitre 19 : Faites de la procrastination une alliée

L'autre jour, j'ai rencontré un ami qui semblait toujours repousser les choses à plus tard. Intrigué par sa manière de fonctionner, je lui ai demandé de m'expliquer sa vision de la procrastination. À ma grande surprise, il a déclaré qu'elle pouvait être une alliée plutôt qu'un ennemi si on apprenait à la dompter. Cette révélation m'a poussé à explorer plus avant comment faire de la procrastination une alliée dans notre vie quotidienne.

Reconnaître le pouvoir de la réflexion

Mon ami a souligné que la procrastination peut parfois nous aider à prendre du recul et à réfléchir à nos décisions. Dans certains cas, ce temps de réflexion peut nous permettre de mieux évaluer nos priorités et de prendre des décisions plus éclairées.

Un jour, il m'a raconté comment, alors qu'il devait rendre un projet important, il avait repoussé son travail jusqu'à la dernière minute. Cela lui avait donné l'occasion de réfléchir à l'ensemble du projet et de trouver une solution bien plus efficace qu'il n'aurait pas découverte s'il avait travaillé sans relâche.

Apprendre à travailler sous pression

La procrastination peut également nous apprendre à travailler efficacement sous pression. Lorsque les échéances approchent et que nous n'avons pas d'autre choix que de nous mettre au travail, nous pouvons découvrir une énergie et une concentration incroyables.

Mon ami m'a confié qu'il avait souvent découvert des réserves d'énergie insoupçonnées en travaillant sous pression, ce qui lui avait permis de réaliser certains de ses meilleurs travaux.

Cultiver l'art de déléguer

La procrastination peut nous forcer à déléguer certaines tâches lorsque nous nous rendons compte que nous ne pouvons pas tout faire nous-mêmes. En apprenant à déléguer, nous donnons aux autres la possibilité de contribuer et de partager leurs compétences et leurs connaissances.

Lors d'un événement professionnel, mon ami a réalisé qu'il avait trop attendu pour préparer sa présentation. Il a alors demandé à son équipe de l'aider, ce qui a abouti à une présentation collaborative bien plus riche qu'il ne l'aurait jamais imaginé.

Tirer parti de l'efficacité créative

Parfois, la procrastination peut débloquer notre créativité. Lorsque nous sommes contraints de trouver des solutions rapides et efficaces, notre cerveau peut explorer des idées innovantes auxquelles nous n'aurions pas pensé autrement.

Un soir, alors que mon ami et moi discutions autour d'un verre, il m'a parlé d'une campagne publicitaire qu'il avait dû créer en un temps record. En cherchant une idée originale, il a eu une vision claire et audacieuse qui a finalement mené à une campagne réussie.

Distinguer la procrastination utile de la procrastination nuisible

Il est essentiel de différencier la procrastination qui peut être bénéfique de celle qui nous empêche de progresser. La clé est d'analyser les raisons pour lesquelles nous remettons certaines tâches à plus tard et d'évaluer si cela nous apporte réellement quelque chose.

Mon ami m'a expliqué qu'il avait appris à reconnaître quand sa procrastination était nuisible et à agir en conséquence. Si, par exemple, il se rendait compte qu'il repoussait un travail par peur de l'échec, il s'efforçait de comprendre cette peur et de trouver des solutions pour la surmonter.

Fixer des limites et des échéances réalistes

Un autre aspect important pour faire de la procrastination une alliée est de fixer des limites et des échéances claires et réalistes. Si nous savons que nous avons tendance à repousser certaines tâches, il est crucial de nous accorder suffisamment de temps pour les réaliser tout en tenant compte de nos habitudes de procrastination.

Mon ami a réussi à mieux gérer son temps en créant un système de planification qui lui permettait de repousser certaines tâches sans compromettre l'ensemble de son travail. Ainsi, il pouvait s'accorder un temps de réflexion et de créativité sans laisser la procrastination nuire à sa productivité.

Écouter son corps et ses émotions

Enfin, pour faire de la procrastination une alliée, il est important d'écouter notre corps et nos émotions. Parfois, la procrastination est un signe que nous avons besoin de repos ou que nous sommes confrontés à des émotions difficiles. Dans ces cas-là, il est crucial de prendre le temps de nous ressourcer et de traiter nos émotions avant de nous remettre au travail.

En suivant ces conseils, mon ami a réussi à transformer sa procrastination en un outil puissant qui lui permet de prendre des décisions réfléchies, de travailler de manière créative et de gérer son temps de manière efficace. En apprenant à voir la procrastination comme une alliée plutôt qu'un ennemi, nous pouvons tous débloquer notre potentiel et atteindre de grands succès. Alors la prochaine fois que vous repoussez une tâche importante, demandez-vous si cela peut, en réalité, vous aider à grandir et à réussir.

Chapitre 20 : Adoptez l'état d'esprit du guerrier de la productivité

Un jour, alors que je discutais avec un ami qui avait réussi à faire preuve d'une productivité incroyable malgré les nombreuses embûches de la vie, je me suis rendu compte qu'il avait développé une mentalité particulière que j'ai appelée "l'état d'esprit du guerrier de la productivité". Dans ce chapitre, je vais partager avec vous les différentes facettes de cette mentalité et comment l'adopter pour améliorer votre propre productivité.

La discipline comme socle

Le guerrier de la productivité ne laisse pas les distractions l'éloigner de ses objectifs. Il s'efforce de développer une discipline à toute épreuve, permettant de rester concentré sur ses tâches. J'ai appris que l'instauration de routines solides et la création d'un environnement de travail propice étaient essentiels pour renforcer cette discipline.

L'adaptabilité face aux défis

La vie est remplie d'imprévus, et les guerriers de la productivité savent s'adapter rapidement aux défis qui se présentent à eux. Ils n'ont pas peur de l'échec et voient chaque obstacle comme une opportunité de grandir. J'ai personnellement appris à embrasser le changement et à repenser mes stratégies lorsque cela était nécessaire.

La détermination sans faille

L'état d'esprit du guerrier de la productivité implique une détermination sans faille à atteindre ses objectifs. Pour cultiver cette détermination, j'ai commencé à fixer des objectifs clairs et mesurables, à la fois à court et à long terme. J'ai également appris à visualiser le succès et à célébrer chaque petite victoire.

La curiosité insatiable

Les guerriers de la productivité sont constamment à la recherche de nouvelles connaissances et compétences pour améliorer leur performance. Ils sont ouverts d'esprit et prêts à explorer de nouvelles idées et méthodes. J'ai découvert que l'adoption d'une attitude curieuse m'a permis d'être plus créatif et innovant dans mon travail.

La gestion efficace du temps

Les guerriers de la productivité comprennent l'importance d'une gestion efficace du temps. Ils évaluent régulièrement leurs priorités et organisent leur journée en conséquence. J'ai réalisé que la planification et l'établissement de priorités étaient cruciaux pour accomplir davantage en moins de temps.

Un jour, j'ai rencontré un entrepreneur à succès qui m'a partagé une expérience qui illustre parfaitement cette mentalité. Il était en train de lancer son entreprise et se heurtait à de nombreux obstacles. Plutôt que de se laisser abattre, il s'est appuyé sur sa discipline, son adaptabilité et sa détermination pour surmonter chaque défi.

Lorsqu'il a réalisé que ses méthodes de travail traditionnelles ne lui permettaient pas d'avancer rapidement, il a cherché à apprendre de nouvelles compétences pour optimiser son temps et sa productivité. Cet entrepreneur a finalement trouvé le succès grâce à son état d'esprit de guerrier de la productivité, prouvant ainsi que cette mentalité peut être un véritable atout pour réussir dans la vie.

Le travail en équipe

Les guerriers de la productivité reconnaissent l'importance du travail en équipe et la collaboration. Ils savent qu'ils ne peuvent pas tout faire seuls et cherchent à s'entourer de personnes compétentes et motivées pour les aider à atteindre leurs objectifs. J'ai personnellement bénéficié de la mise en place d'un réseau solide et de la collaboration avec des partenaires fiables.

L'auto-évaluation constante

Les guerriers de la productivité sont toujours en quête d'amélioration. Ils pratiquent l'auto-évaluation régulière et sont prêts à accepter les critiques constructives. J'ai découvert que l'examen de mes forces et faiblesses m'a aidé à grandir et à affiner mes compétences.

La persévérance face aux difficultés

Les guerriers de la productivité ne baissent pas les bras face aux difficultés. Ils restent engagés et persévérants, même lorsque les choses ne se passent pas comme prévu. J'ai appris à accepter les revers et à les utiliser comme motivation pour avancer.

La quête de l'équilibre

Enfin, les guerriers de la productivité comprennent l'importance de trouver un équilibre entre le travail et la vie personnelle. Ils savent que pour maintenir une productivité optimale, il est crucial de prendre soin de leur santé mentale et physique. J'ai trouvé que l'intégration d'activités relaxantes et d'exercice physique dans ma routine quotidienne m'a permis de rester énergique et concentré.

Pour adopter l'état d'esprit du guerrier de la productivité, il est essentiel de s'engager pleinement dans cette mentalité et de mettre en œuvre ces principes dans votre vie quotidienne. Avec le temps, vous verrez une amélioration significative de votre productivité et une plus grande satisfaction dans votre travail.

En conclusion, l'état d'esprit du guerrier de la productivité est un ensemble de principes et d'attitudes qui vous permettront d'améliorer votre performance et d'atteindre vos objectifs plus rapidement. En adoptant cette mentalité, vous serez mieux préparé pour surmonter les défis et les obstacles qui se présentent à vous, et vous constaterez une augmentation de votre productivité et de votre réussite.

Les outils pour booster votre efficacité

Chapitre 21 : Les applications indispensables pour gérer votre temps

Ah, les applications ! Outils modernes et incontournables pour gérer notre temps et simplifier notre vie quotidienne. J'ai parcouru un long chemin pour trouver celles qui étaient vraiment indispensables et qui m'aideraient à mieux organiser mon temps. Voici une sélection des applications que j'utilise personnellement et qui pourraient vous être utiles également.

Todoist

Todoist est mon application préférée de gestion des tâches. Elle me permet de noter toutes mes tâches à accomplir, de les prioriser et de les organiser en projets. Grâce à ses fonctionnalités de rappel et de synchronisation sur plusieurs appareils, je suis toujours au courant de ce que je dois faire, où que je sois.

Toggl

Le suivi du temps est un élément essentiel pour gérer mon emploi du temps de manière optimale. Toggl est l'application que j'utilise pour mesurer le temps que je consacre à chaque tâche et projet. Les rapports détaillés qu'elle génère me permettent d'identifier les domaines où je perds du temps et de m'assurer que je respecte les délais fixés.

Google Calendar

Je ne pourrais pas me passer de Google Calendar pour planifier mon emploi du temps. Cette application me permet d'organiser mes rendez-vous, réunions et événements personnels en un seul endroit, et de les synchroniser avec mon smartphone et mes autres appareils. Les notifications me rappellent les événements à venir, ce qui m'aide à éviter les oublis.

Evernote

Pour prendre des notes et conserver toutes sortes d'informations, je me fie à Evernote. Cette application me permet de créer des notes textuelles, audio et visuelles, et de les organiser en carnets pour un accès facile. Je peux également partager mes notes avec d'autres personnes et les synchroniser sur tous mes appareils.

Focus@Will

Si vous avez du mal à vous concentrer pendant de longues périodes, Focus@Will pourrait être la solution. Cette application de musique spécialement conçue pour améliorer la concentration m'aide à rester concentré sur mes tâches et à augmenter ma productivité.

Pomodoro Timer

Pour éviter l'épuisement et garder un bon rythme de travail, j'utilise la technique Pomodoro et l'application Pomodoro Timer. Elle divise mon temps de travail en intervalles de 25 minutes, séparés par des pauses courtes. Cette méthode m'aide à rester concentré sur une tâche à la fois et à gérer efficacement mon temps.

RescueTime

RescueTime est une application de suivi du temps qui m'aide à comprendre comment je passe mon temps sur mon ordinateur et mes appareils mobiles. Elle enregistre automatiquement mes activités et génère des rapports détaillés qui me permettent de prendre des décisions éclairées sur la manière d'utiliser mon temps.

Headspace

Pour gérer mon temps de manière optimale, je dois également prendre soin de mon esprit. L'application Headspace m'offre des séances de méditation guidées qui m'aident à réduire mon stress et à améliorer ma concentration tout au long de la journée.

Slack

La communication est cruciale pour gérer mon temps et mes projets. Slack est l'application de messagerie que j'utilise pour collaborer avec mon équipe, partager des documents et suivre l'avancement des projets. Grâce à ses intégrations avec d'autres applications, je peux facilement centraliser toutes les informations dont j'ai besoin pour travailler efficacement.

Asana

Asana est un outil de gestion de projet collaboratif qui me permet de créer des projets, d'assigner des tâches et de suivre les progrès de mon équipe. Il facilite la coordination et le suivi des projets, m'assurant que nous travaillons tous ensemble vers nos objectifs communs.

Pocket

Je rencontre souvent des articles intéressants et des ressources en ligne, mais je n'ai pas toujours le temps de les lire immédiatement. Pocket me permet de sauvegarder ces contenus pour les lire plus tard, lors de mes temps libres, sans perturber mon rythme de travail.

1Password

Gérer tous mes mots de passe peut être une tâche fastidieuse et chronophage. C'est là qu'intervient 1Password, un gestionnaire de mots de passe sécurisé qui stocke et remplit automatiquement mes identifiants et mes mots de passe sur tous mes appareils.

IFTTT (If This Then That)

IFTTT est une application qui me permet d'automatiser des actions entre différentes applications et services. Par exemple, je peux configurer une "recette" pour que chaque fois que je reçois un email important, il soit automatiquement enregistré dans Evernote. IFTTT m'aide à gagner du temps en automatisant des tâches répétitives.

Freedom

Internet peut être une source de distractions et de procrastination. Freedom est une application qui me permet de bloquer temporairement l'accès à certains sites web et applications pour que je puisse me concentrer pleinement sur mon travail.

Habitica

Pour rendre la productivité plus amusante et gratifiante, je me tourne vers Habitica. Cette application transforme mes tâches quotidiennes en un jeu de rôle, où je gagne des points et des récompenses en accomplissant des tâches et en atteignant mes objectifs.

Voilà donc ma sélection des 15 applications indispensables pour gérer mon temps. En les intégrant dans mon quotidien, je suis devenu un véritable guerrier de la productivité, prêt à affronter les défis et à atteindre mes objectifs. Je suis convaincu que ces outils peuvent vous aider également à optimiser votre temps et à devenir plus efficace dans votre vie personnelle et professionnelle.

Chapitre 22 : Utilisez la technologie pour gagner en productivité

L'autre jour, alors que je sirotais mon café matinal, je me suis surpris à penser à l'impact de la technologie sur ma productivité. Il y a quelques années à peine, je me souviens devoir jongler avec des notes adhésives, des carnets et des listes de choses à faire sur papier. La technologie a révolutionné la façon dont je m'organise et travaille, me permettant d'atteindre de nouveaux sommets de productivité.

C'est au cœur de la jungle urbaine, entre les gratte-ciel et les avenues animées, que je vous partage aujourd'hui quelques-unes de mes meilleures astuces pour utiliser la technologie à bon escient. Suivez-moi dans cette quête d'efficacité, où chaque minute compte.

Optimisez votre espace de travail virtuel

Mon bureau en ligne est tout aussi important que mon bureau physique. J'organise mon espace de travail virtuel avec soin pour éviter les distractions et me concentrer sur l'essentiel. J'utilise des applications comme Trello et Asana pour créer des tableaux de bord personnalisés qui rassemblent mes projets, tâches et objectifs en un seul endroit.

Utilisez les applications de synchronisation dans le cloud

Le stockage dans le cloud a été un véritable game-changer pour moi. Grâce à des applications comme Google Drive et Dropbox, je peux accéder à mes documents et fichiers depuis n'importe quel appareil, à tout moment. Ainsi, je n'ai plus à me soucier de perdre mes données ou de ne pas avoir le bon fichier sous la main.

Automatisez les tâches répétitives

Je gagne un temps précieux en automatisant certaines tâches qui consomment mon énergie. Des outils comme IFTTT et Zapier me permettent de créer des automatisations qui facilitent mon quotidien, par exemple en enregistrant automatiquement mes pièces jointes d'e-mails dans mon espace de stockage cloud.

Les chatbots, ces alliés discrets

Dans un monde où la rapidité est de mise, les chatbots se sont révélés être des assistants précieux. J'utilise des chatbots pour répondre rapidement aux messages et e-mails, ou pour planifier des réunions sans avoir à naviguer manuellement dans mon calendrier.

Établissez des routines avec les assistants vocaux

Les assistants vocaux comme Siri et Alexa m'aident à créer des routines pour ma journée. Je leur demande par exemple de me réveiller le matin, de me rappeler mes rendez-vous ou de me lire les actualités. Ces petits coups de pouce technologiques me permettent de gagner du temps et de structurer ma journée avec efficacité.

Des applications pour mieux gérer son temps

Il existe de nombreuses applications pour nous aider à gérer notre temps. Personnellement, j'utilise RescueTime pour suivre le temps que je passe sur chaque tâche, et Focus@Will pour créer une ambiance sonore propice à la concentration. Ces outils m'aident à rester concentré et à évaluer ma productivité.

Le pouvoir des notifications intelligentes

J'ai appris à maîtriser les notifications sur mon smartphone et mon ordinateur pour éviter les distractions inutiles. Je configure les paramètres de chaque application pour ne recevoir que les notifications importantes, et j'utilise des applications comme Freedom et Cold Turkey pour bloquer temporairement les sites Web et les applications distrayantes.

Gagnez du temps avec les raccourcis clavier

Les raccourcis clavier peuvent être de précieux alliés pour gagner du temps lorsque l'on travaille sur un ordinateur. Prenez le temps d'apprendre ceux qui vous sont utiles et intégrez-les dans votre routine. Vous serez étonné de la rapidité avec laquelle vous pourrez accomplir certaines tâches.

Utilisez des outils de collaboration en temps réel

Travailler en équipe peut être complexe, surtout lorsque les membres de l'équipe sont dispersés géographiquement. Grâce à des outils comme Google Workspace et Microsoft Teams, il est possible de collaborer en temps réel sur des documents et des projets, ce qui facilite grandement la communication et la coordination des efforts.

Maîtrisez l'art de la délégation numérique

Si vous avez besoin d'aide pour des tâches spécifiques ou que vous manquez de temps, pensez à déléguer. Des plateformes comme Upwork et Fiverr vous permettent de trouver des professionnels qualifiés pour vous aider dans vos projets. En déléguant certaines tâches, vous pourrez vous concentrer sur vos priorités et optimiser votre productivité.

Pour conclure ce chapitre, je tiens à souligner l'importance de ne pas se laisser submerger par la technologie. Il est crucial de trouver un équilibre entre l'usage des outils numériques et la nécessité de prendre des pauses pour se ressourcer.

En parcourant les rues animées de la ville, je repense à tous ces outils qui m'accompagnent au quotidien. Certes, la technologie peut être un allié puissant pour booster notre productivité, mais elle doit être utilisée avec sagesse. Il est essentiel de trouver les applications et les méthodes qui correspondent à nos besoins, pour mieux gérer notre temps et atteindre nos objectifs.

Comme le soleil se couche derrière les gratte-ciel, je me sens empli de détermination et d'enthousiasme. La technologie peut nous aider à devenir des guerriers de la productivité, pour peu que nous sachions comment l'utiliser à bon escient. Je vous invite à explorer les différents outils et astuces présentés dans ce chapitre, et à découvrir comment ils peuvent vous aider à gagner en efficacité et à réaliser vos rêves.

Chapitre 23 : L'art de la prise de notes efficace

C'est dans un café à l'ambiance chaleureuse, entouré de personnes en pleine réflexion, que je m'installe pour aborder l'art de la prise de notes efficace. Une compétence souvent sous-estimée, qui, pourtant, peut s'avérer être un atout précieux pour optimiser notre productivité.

Le murmure des conversations voisines me rappelle un débat animé entre deux amis sur la meilleure manière de prendre des notes. Alors, comment faire pour rendre cette tâche plus efficace et optimiser son impact sur notre apprentissage ?

Choisissez la méthode qui vous convient

Il existe différentes méthodes de prise de notes, et il est important de trouver celle qui vous correspond le mieux. La méthode traditionnelle consiste à rédiger des notes linéaires, sous forme de phrases ou de listes à puces. Vous pouvez également essayer la méthode Cornell, qui divise la page en trois sections pour faciliter la révision. Enfin, le mind mapping (carte mentale) est une technique visuelle qui consiste à organiser les informations autour d'un concept central.

Dans un coin de ma mémoire, je revois un camarade de classe dessinant une carte mentale sur un tableau. La clarté de ses idées et la facilité avec laquelle il les assimilait m'avaient impressionné.

Adoptez une approche active

Écoutez attentivement et sélectionnez les informations les plus pertinentes. Ne cherchez pas à tout noter, mais plutôt à comprendre et à reformuler les idées principales. Les notes les plus efficaces sont celles qui synthétisent les informations et qui permettent d'extraire l'essentiel.

Je me souviens d'une conversation avec un professeur qui m'avait encouragé à poser des questions et à participer activement en classe. Cela m'avait aidé à rester concentré et à mieux comprendre les concepts abordés.

Utilisez des abréviations et des symboles

Les abréviations et les symboles sont d'excellents moyens de gagner du temps lors de la prise de notes. Développez votre propre système d'abréviations et de symboles pour noter rapidement les informations clés. Le gain de temps vous permettra de rester concentré sur le contenu.

Structurez vos notes

Une bonne organisation facilite grandement la compréhension et la mémorisation des informations. Utilisez des titres, des sous-titres, des listes à puces, des flèches ou des couleurs pour structurer vos notes et mettre en évidence les éléments importants.

Un jour, alors que je relisais mes notes d'un cours particulièrement complexe, j'avais été frappé par la clarté de ma pensée grâce à une structure soignée et une hiérarchisation des informations.

Revoyez vos notes régulièrement

La révision est essentielle pour consolider les connaissances. Prenez le temps de relire vos notes après chaque session d'apprentissage et de les compléter si nécessaire. Cela vous aidera à mieux retenir les informations et à préparer efficacement vos examens ou présentations.

Numérisez vos notes

La technologie offre de nombreuses possibilités pour numériser et organiser vos notes. Les applications comme Evernote, OneNote ou

Notion vous permettent de stocker vos notes dans un espace virtuel, facilement accessible depuis n'importe quel appareil. Vous pouvez les annoter, les classer et les rechercher rapidement, rendant ainsi la gestion de vos notes plus efficace.

Je me souviens d'un collègue qui avait adopté l'une de ces applications pour gérer ses notes de réunion. Il avait ainsi pu accéder à des informations clés en un rien de temps et les partager avec ses collaborateurs.

Expérimentez avec les supports

Ne vous limitez pas à un seul support pour prendre des notes. Certaines personnes préfèrent utiliser un stylo et du papier, tandis que d'autres optent pour un ordinateur portable, une tablette ou même un smartphone. Chacun de ces supports a ses avantages et inconvénients, et vous pouvez en tirer profit en fonction de la situation ou de votre style d'apprentissage.

Il y a quelques années, j'ai eu l'occasion de participer à une conférence animée par un expert en prise de notes. Il avait utilisé un iPad pour réaliser des croquis et des schémas en temps réel, capturant ainsi l'essence de chaque intervention.

Partagez vos notes

N'hésitez pas à échanger vos notes avec des collègues, des amis ou des membres de votre famille. Le partage d'informations vous permet de bénéficier de différents points de vue et d'enrichir vos propres connaissances.

Lors d'un voyage d'affaires, j'avais échangé mes notes avec un collègue et découvert de nouvelles perspectives qui m'avaient échappé lors de notre réunion. Ce partage d'expériences avait renforcé notre compréhension mutuelle et notre collaboration.

Utilisez les notes pour vous fixer des objectifs

Les notes peuvent également servir de support pour définir et suivre vos objectifs. Notez vos ambitions, les étapes à franchir pour les atteindre et les échéances associées. La prise de notes efficace vous aidera à rester concentré sur vos objectifs et à suivre vos progrès.

Dans une période de doutes, je m'étais fixé des objectifs précis et les avais consignés dans mon carnet de notes. Relire ces objectifs m'a aidé à rester motivé et à avancer sur le chemin de la réussite.

En conclusion, l'art de la prise de notes efficace réside dans la capacité à organiser et synthétiser les informations de manière claire et accessible. En expérimentant avec différentes méthodes et en adoptant une approche active, vous pourrez améliorer votre productivité et votre apprentissage. N'oubliez pas d'utiliser la technologie et les différents supports à votre disposition pour faciliter la gestion et le partage de vos notes.

Chapitre 24 : Le pouvoir du mind mapping

Le pouvoir du mind mapping réside dans sa capacité à organiser et structurer nos pensées d'une manière visuelle et intuitive. J'ai découvert cette méthode il y a quelques années, et depuis, elle est devenue un élément clé de ma productivité personnelle et professionnelle. Dans ce chapitre, je partagerai avec vous comment le mind mapping peut vous aider à clarifier vos idées, améliorer votre créativité et booster votre efficacité.

Comprendre les bases du mind mapping

Le mind mapping, également appelé carte mentale, est une méthode qui consiste à représenter graphiquement les informations autour d'un concept central. À partir de ce point central, on crée des branches représentant les idées principales, qui se subdivisent en sous-branches pour les détails. Les mind maps sont généralement constituées de mots-clés, d'images et de symboles pour faciliter la mémorisation et la compréhension.

Un jour, alors que je faisais face à un projet complexe, j'ai décidé d'essayer le mind mapping. J'ai ainsi réussi à organiser mes pensées et à déterminer les actions à entreprendre pour mener à bien le projet.

Organiser ses idées avec le mind mapping

L'un des principaux avantages du mind mapping est sa capacité à organiser les informations de manière hiérarchique et cohérente. Cela permet de visualiser les relations entre les idées et d'identifier les priorités.

J'ai été confronté à un dilemme lors d'un projet avec plusieurs options possibles. Grâce au mind mapping, j'ai pu comparer et évaluer les différentes solutions, ce qui m'a aidé à prendre la meilleure décision pour mon entreprise.

Stimuler la créativité grâce au mind mapping

Le processus de création d'un mind map encourage la réflexion et l'exploration d'idées, ce qui favorise la créativité. En utilisant des couleurs, des images et des formes variées, vous stimulez les deux hémisphères de votre cerveau, facilitant ainsi la génération d'idées novatrices.

Lors d'une séance de brainstorming avec mon équipe, nous avons utilisé le mind mapping pour générer de nouvelles idées de produits. Nous avons ainsi pu visualiser les synergies entre les propositions et développer une offre innovante.

Améliorer la prise de décision grâce au mind mapping

Le mind mapping peut également être un outil précieux pour faciliter la prise de décision. En cartographiant les différentes options et leurs conséquences, vous pouvez mieux évaluer les choix à faire et déterminer la solution la plus adaptée à vos objectifs.

Un jour, j'ai dû choisir entre deux opportunités professionnelles très différentes. J'ai créé un mind map pour peser les avantages et les inconvénients de chaque option, ce qui m'a permis de prendre une décision éclairée.

Faciliter la communication avec le mind mapping

Les mind maps peuvent être utilisées pour présenter des informations de manière claire et accessible, facilitant la communication et la compréhension entre les parties prenantes. En partageant vos mind maps avec votre équipe ou vos partenaires, vous pouvez aligner vos objectifs et définir une vision commune.

Un de mes clients avait du mal à comprendre le processus de notre projet. J'ai créé un mind map pour lui présenter les différentes étapes et leur enchaînement, ce qui a grandement facilité sa compréhension et notre collaboration.

Le mind mapping dans la vie quotidienne

Le mind mapping ne se limite pas aux situations professionnelles ; il peut également être un allié précieux dans votre vie quotidienne. Que ce soit pour organiser vos vacances, planifier un événement ou prendre des décisions personnelles importantes, les cartes mentales peuvent vous aider à clarifier vos pensées et à identifier les actions à entreprendre.

Un soir, j'étais débordé par les préparatifs d'une fête d'anniversaire surprise pour mon ami. J'ai décidé d'utiliser le mind mapping pour organiser mes idées et tâches, ce qui m'a permis de mener à bien l'événement sans stress.

Comment créer un mind map

Maintenant que vous comprenez le pouvoir du mind mapping, voici quelques étapes simples pour créer votre propre carte mentale :

- Choisissez un sujet central et placez-le au centre de votre feuille de papier ou de votre écran.
- Réfléchissez aux idées principales qui découlent de ce sujet et dessinez des branches pour les représenter.
- Ajoutez des sous-branches pour les détails ou les idées secondaires.
- Utilisez des couleurs, des images et des symboles pour rendre votre mind map plus attrayante et mémorable.
- Revoyez et ajustez votre mind map au fur et à mesure que de nouvelles idées émergent.

Pour conclure, le mind mapping est une technique puissante pour organiser vos pensées, stimuler votre créativité et améliorer votre productivité. En adoptant cette méthode dans votre vie professionnelle et personnelle, vous pourrez mieux gérer votre temps, prendre des décisions éclairées et communiquer efficacement avec les autres. Alors n'hésitez plus, explorez le pouvoir du mind mapping et découvrez comment il peut transformer votre quotidien.

Chapitre 25 : La communication à l'ère numérique

Lors d'un voyage en train pour une conférence, je me suis retrouvé assis à côté d'un jeune homme plongé dans son smartphone. Ce n'était pas surprenant, puisque la communication à l'ère numérique est devenue omniprésente dans nos vies. Nous avons rapidement engagé la conversation et j'ai découvert qu'il était expert en communication digitale. Voici les précieux enseignements que j'ai tirés de cet échange.

Les défis de la communication numérique

La communication numérique a changé la manière dont nous interagissons les uns avec les autres. Les réseaux sociaux, les messageries instantanées et les e-mails sont désormais les principaux moyens de communication. Mais cette évolution ne va pas sans défis, tels que la perte d'intimité, la difficulté à déchiffrer les émotions et l'apparition de nouvelles problématiques telles que les fake news et le cyberharcèlement.

Créer un équilibre entre vie personnelle et professionnelle

Les frontières entre notre vie professionnelle et personnelle ont été estompées par la communication numérique. Il est plus important que jamais de préserver un équilibre sain entre les deux. Mon interlocuteur m'a confié qu'il avait mis en place des règles strictes pour se déconnecter du travail en dehors des heures de bureau et consacrer du temps à ses proches.

Les outils de la communication numérique

La communication à l'ère numérique repose sur divers outils et plateformes. Il est essentiel de les maîtriser pour être efficace dans vos échanges. Parmi les applications incontournables, citons Slack pour la communication en équipe, Trello pour la gestion de projets et Zoom pour les réunions virtuelles. L'expert m'a expliqué qu'il utilisait également des outils pour automatiser certaines tâches, comme Buffer pour programmer des publications sur les réseaux sociaux.

La vidéo, un atout de taille

La vidéo est devenue un pilier de la communication numérique, avec des plateformes telles que YouTube et TikTok qui attirent des milliards d'utilisateurs. Mon compagnon de voyage m'a raconté qu'il avait réussi à développer son entreprise en misant sur des vidéos explicatives et des tutoriels pour promouvoir ses services. Les vidéos peuvent capter l'attention des internautes et véhiculer des messages complexes de manière attrayante et facile à comprendre.

Les bonnes pratiques pour les e-mails

Les e-mails restent un moyen de communication important à l'ère numérique. Toutefois, il est essentiel de suivre certaines règles pour éviter de surcharger les boîtes de réception et faciliter la lecture des messages. L'expert m'a confié qu'il appliquait la méthode "one thing", qui consiste à ne traiter qu'un seul sujet par e-mail et à aller droit au but, avec des phrases courtes et claires.

La communication non verbale en ligne

La communication non verbale joue un rôle crucial dans notre compréhension des messages. Toutefois, elle peut être difficile à percevoir dans la communication numérique. Mon voisin m'a expliqué qu'il utilisait des emojis et des GIF pour exprimer ses émotions et renforcer ses propos dans ses échanges en ligne. Il ajoutait également des commentaires vocaux ou des messages vidéo pour rendre la communication plus personnelle et chaleureuse.

La maîtrise de l'écoute active en ligne

L'écoute active est une compétence essentielle pour une communication réussie, même à l'ère numérique. Pour montrer que vous êtes attentif et que vous comprenez le point de vue de votre interlocuteur, reformulez leurs propos, posez des questions pertinentes et manifestez votre empathie. Mon compagnon de voyage m'a confié qu'il pratiquait l'écoute active lors des appels vidéo en prenant des notes et en reformulant régulièrement les idées évoquées.

La modération et la sécurité sur les réseaux sociaux

Les réseaux sociaux peuvent être un formidable outil de communication, mais ils comportent aussi des risques. Mon interlocuteur m'a raconté comment il avait renforcé la modération sur ses plateformes pour éviter les débordements et protéger sa communauté. Il faisait également attention à sa propre sécurité en ligne, en choisissant des mots de passe complexes et en vérifiant régulièrement les paramètres de confidentialité de ses comptes.

L'importance du langage adapté

Le langage utilisé dans la communication numérique doit être adapté à la situation et à l'interlocuteur. L'expert m'a expliqué qu'il veillait toujours à employer un ton respectueux et professionnel dans ses échanges en ligne, tout en n'hésitant pas à ajouter une touche d'humour ou de convivialité pour détendre l'atmosphère. Il évitait également le jargon et les abréviations excessives pour garantir la clarté de ses messages.

Savoir prendre du recul

Enfin, mon voisin m'a confié que l'une des clés de la communication à l'ère numérique était de savoir prendre du recul. Il est important de ne pas réagir à chaud et de prendre le temps de réfléchir avant de répondre, surtout si l'échange est sensible ou conflictuel. De même, il est essentiel de ne pas se laisser submerger par les notifications et les sollicitations en ligne, en accordant régulièrement des moments de déconnexion pour se ressourcer et se recentrer.

Cette rencontre fortuite avec cet expert en communication digitale a été pour moi une véritable mine d'or d'informations et de conseils. J'ai pu appliquer ces enseignements à mon propre quotidien, améliorant ainsi ma communication à l'ère numérique et mon efficacité en tant qu'auteur et professionnel. Je ne peux qu'encourager les lecteurs à suivre ces conseils pour tirer le meilleur parti des opportunités offertes par la communication numérique.

L'épanouissement grâce à la productivité

Chapitre 26 : Trouver l'équilibre entre vie professionnelle et vie personnelle

Un jour, alors que je flânais dans un parc en fin de journée pour profiter du coucher de soleil, je fis la rencontre d'un homme qui semblait très occupé à jongler entre ses différentes tâches. Curieux de nature, je ne pus m'empêcher de lui poser quelques questions sur sa vie professionnelle et personnelle. Cet homme, appelons-le Maxime, était un expert en gestion du temps et en équilibre entre vie professionnelle et vie personnelle. Il m'expliqua les différentes astuces et stratégies qu'il avait développées pour trouver cet équilibre si précieux. Voici les principaux enseignements que j'en ai tirés :

Établir des limites claires

Maxime m'expliqua que l'une des clés pour trouver un équilibre était d'établir des limites claires entre le travail et la vie privée. Par exemple, il avait dédié un espace de travail bien distinct dans son domicile, qu'il n'utilisait que pour ses activités professionnelles. Il veillait également à ne pas mélanger ses appareils électroniques, utilisant un ordinateur et un téléphone dédiés au travail et d'autres pour sa vie personnelle.

Apprendre à déléguer

Il est essentiel de savoir déléguer certaines tâches, que ce soit au travail ou à la maison. Maxime avait appris à faire confiance à son équipe et à partager les responsabilités pour éviter de s'épuiser. À la maison, il impliquait toute sa famille dans les tâches ménagères, chacun ayant ses propres responsabilités.

Se fixer des objectifs clairs et réalisables

Maxime souligna l'importance de se fixer des objectifs à court, moyen et long terme dans sa vie professionnelle comme personnelle. Il préconisait d'éviter les objectifs trop vagues et de les découper en petites étapes concrètes pour les rendre plus réalisables. Il m'expliqua qu'il vérifiait régulièrement ses objectifs et ajustait sa stratégie en fonction de ses progrès.

Planifier du temps pour soi

Il est crucial de prendre du temps pour soi, afin de se ressourcer et de préserver son énergie. Maxime m'expliqua qu'il planifiait régulièrement des pauses dans sa journée de travail, ainsi que des moments de détente et de loisirs en dehors de ses heures de travail. Il prenait également le temps de pratiquer des activités physiques et de méditer pour se maintenir en forme et évacuer le stress.

Cultiver un réseau de soutien

Avoir un réseau de soutien est essentiel pour surmonter les défis et partager les succès. Maxime m'expliqua qu'il avait développé des relations solides avec ses collègues et sa famille, ce qui lui permettait de bénéficier de leur aide et de leur soutien en cas de besoin. Il prenait également le temps d'entretenir ses amitiés et de rencontrer de nouvelles personnes pour enrichir son cercle de connaissances.

Prioriser ses tâches

Pour réussir à trouver un équilibre, il est crucial de savoir hiérarchiser ses tâches et de se concentrer sur les plus importantes. Maxime m"expliqua qu'il établissait chaque jour une liste de priorités en fonction de l'importance et de l'urgence de ses tâches. Il veillait également à ne pas se laisser submerger par les distractions et les sollicitations de son environnement.

Gérer son temps efficacement

Maxime avait mis en place plusieurs techniques pour optimiser son temps, telles que la méthode Pomodoro ou la technique des deux minutes. Il planifiait soigneusement ses journées en bloquant du temps pour chaque tâche et en éliminant les activités chronophages et non productives. Il s'efforçait également de respecter les délais qu'il s'était fixés pour éviter de se laisser envahir par le travail.

Savoir dire non

Savoir dire non est essentiel pour préserver son équilibre. Maxime avait appris à refuser poliment les demandes et les sollicitations qui ne rentraient pas dans ses priorités ou qui empiétaient sur son temps libre. Il m'expliqua que cette capacité lui avait permis de préserver sa santé mentale et de rester concentré sur ses objectifs.

Nourrir sa créativité

Il est important de stimuler sa créativité et de s'accorder du temps pour rêver et imaginer de nouvelles perspectives. Maxime avait intégré des moments de créativité dans sa vie, tels que la pratique de la musique, l'écriture ou le dessin. Il m'expliqua que ces activités lui permettaient de se ressourcer et de garder son esprit vif et alerte.

Apprécier les petites choses de la vie

Enfin, Maxime me confia que l'un des secrets de son équilibre résidait dans sa capacité à apprécier les petites choses de la vie et à vivre pleinement chaque instant. Il prenait le temps de savourer les moments passés en famille, les conversations avec ses amis, les balades dans la nature ou encore la dégustation d'un bon repas. Il m'encouragea à cultiver la gratitude et à voir le bon côté des choses, même dans les situations les plus difficiles.

En écoutant les conseils de Maxime, je compris que trouver l'équilibre entre vie professionnelle et vie personnelle n'était pas une quête vaine, mais plutôt un processus évolutif qui demande de l'attention, de la persévérance et de l'adaptabilité. Je pris la décision de mettre en pratique ses enseignements et de partager ces précieuses leçons avec mes lecteurs, dans l'espoir d'inspirer chacun à trouver son propre équilibre et à vivre une vie plus épanouissante.

Chapitre 27 : Surmontez les défis et célèbrez vos succès

C'était un matin frais et ensoleillé lorsque j'ai décidé de me lancer dans une nouvelle aventure. Je savais que la route serait longue et semée d'embûches, mais j'étais prêt à affronter tous les défis pour atteindre mes objectifs. J'avais conscience qu'il me faudrait surmonter de nombreux obstacles, mais aussi célébrer mes succès pour maintenir ma motivation et ma détermination intactes.

Les défis, une occasion de grandir

Au début de mon parcours, je me suis vite rendu compte que les défis étaient une occasion de grandir, d'apprendre et de développer mes compétences. Chaque obstacle rencontré m'obligeait à me remettre en question, à trouver des solutions innovantes et à sortir de ma zone de confort. Je compris que les défis étaient inévitables, mais aussi bénéfiques pour mon évolution personnelle et professionnelle.

Adopter une attitude positive face aux échecs

L'un des principaux enseignements que j'ai tirés de mon expérience est l'importance d'adopter une attitude positive face aux échecs. Au lieu de me laisser abattre par la déception, je me suis efforcé de voir chaque échec comme une opportunité d'apprendre et de progresser. J'ai ainsi développé ma résilience et ma capacité à rebondir face aux difficultés.

Fixer des objectifs réalisables

Pour m'aider à surmonter les défis et à célébrer mes succès, j'ai pris l'habitude de fixer des objectifs clairs, précis et réalisables. Ces objectifs m'ont permis de mesurer mes progrès et de me motiver pour continuer à avancer. Chaque fois que j'atteignais un objectif, je m'autorisais à savourer ma réussite et à me féliciter pour les efforts accomplis.

Se donner les moyens de réussir

Au fil des années, j'ai appris à me donner les moyens de réussir en développant mes compétences, en m'entourant de personnes compétentes et bienveillantes et en recherchant activement des ressources pour m'aider dans ma quête. J'ai également appris à être patient et persévérant, en gardant à l'esprit que les succès durables ne se construisent pas en un jour.

Cultiver la gratitude

Un soir, alors que je contemplais le soleil couchant depuis ma terrasse, je réalisai à quel point il était important de cultiver la gratitude. En exprimant ma reconnaissance pour les succès remportés et les leçons apprises, je nourrissais mon contentement et renforçais ma motivation pour poursuivre ma quête.

Apprendre à déléguer

Dans ma recherche d'équilibre, j'ai également découvert l'importance de déléguer certaines tâches et responsabilités. En apprenant à lâcher prise et à faire confiance à mon entourage, j'ai gagné du temps et de l'énergie pour me concentrer sur les défis les plus importants.

S'accorder des moments de pause

Dans la tourmente des défis et des succès, j'ai compris qu'il était essentiel de s'accorder des moments de pause pour se ressourcer, se détendre et réfléchir à mes réalisations. Ces pauses m'ont permis de garder mon énergie et ma motivation intactes, tout en me laissant le temps d'apprécier le chemin parcouru.

Partager ses succès avec les autres

Un aspect crucial pour savourer mes réussites a été de partager mes succès avec les autres. En discutant de mes accomplissements avec mes amis, ma famille et mes collègues, j'ai renforcé mes relations, créé un sentiment de camaraderie et obtenu un soutien précieux pour poursuivre mon parcours.

Apprécier les petits bonheurs

Dans la quête des succès et des réalisations, il est facile d'oublier les petits bonheurs qui jalonnent notre chemin. J'ai appris à apprécier ces moments de joie et de sérénité, en prenant le temps de savourer chaque victoire, aussi petite soit-elle.

Cultiver la persévérance

Enfin, j'ai compris que surmonter les défis et célébrer les succès nécessitait une bonne dose de persévérance. Rien ne vient facilement, et il faut souvent surmonter de nombreux obstacles avant d'atteindre ses objectifs. En cultivant la persévérance et la patience, j'ai développé une force intérieure qui m'a permis de me relever après chaque échec et de continuer à avancer, malgré les difficultés.

En conclusion, surmonter les défis et célébrer les succès est un art qui s'apprend et se développe au fil du temps. En adoptant une attitude positive face aux échecs, en fixant des objectifs réalisables, en se donnant les moyens de réussir et en cultivant la gratitude, il est possible de trouver l'équilibre nécessaire pour avancer sur le chemin du succès. N'oubliez pas de vous accorder des moments de pause, de partager vos réussites avec les autres et d'apprécier les petits bonheurs qui vous entourent. Enfin, la persévérance sera votre alliée la plus précieuse pour surmonter les obstacles et atteindre vos objectifs.

Chapitre 28 : Développez votre réseau et inspirez les autres

Il y a quelques années, j'étais convaincu que les relations professionnelles se résumaient à échanger des cartes de visite lors d'événements ou à ajouter des contacts sur LinkedIn. Mais au fil du temps, j'ai découvert qu'un réseau solide pouvait m'offrir bien plus : du soutien, des conseils précieux et même des opportunités inattendues.

L'importance du réseautage authentique

Au lieu de collectionner les contacts sans réellement les connaître, je me suis concentré sur la création de relations authentiques. J'ai commencé par mon entourage immédiat : mes collègues, mes anciens camarades d'école et même des amis de mes amis. J'ai pris le temps d'apprendre à les connaître, de les écouter et de partager mon expérience avec eux.

Un soir, après une journée de travail particulièrement éprouvante, je me suis retrouvé à discuter avec un collègue autour d'un verre. Nous avons échangé nos points de vue sur nos carrières respectives, et cette conversation m'a amené à rencontrer d'autres personnes partageant les mêmes ambitions que moi.

Donnez avant de recevoir

Dans mon parcours pour développer mon réseau, j'ai appris une chose essentielle : pour inspirer les autres et établir des relations solides, il faut d'abord donner. J'ai pris l'habitude de proposer mon aide et de partager mes compétences, sans attendre quelque chose en retour.

C'est ainsi que j'ai rencontré Maxime. Je l'ai aidé à développer son entreprise en lui proposant quelques idées de marketing. En retour, Maxime m'a présenté à plusieurs personnes influentes dans mon secteur d'activité. Cette relation basée sur l'entraide et la confiance m'a apporté de nombreux bénéfices.

Créer des occasions pour développer son réseau

Au lieu d'attendre que les opportunités de réseautage se présentent à moi, j'ai commencé à les créer moi-même. J'ai organisé des événements, des dîners et même des ateliers pour réunir des personnes partageant les mêmes centres d'intérêt que moi.

Lors d'un de ces événements, j'ai fait la connaissance de Sarah, une entrepreneure à succès. Elle m'a confié qu'elle était en quête de nouvelles idées pour diversifier son entreprise. Ensemble, nous avons réfléchi à des stratégies innovantes, et ce partenariat fructueux a renforcé nos liens professionnels.

Être actif sur les réseaux sociaux

Les réseaux sociaux peuvent être de précieux alliés pour développer son réseau. J'ai pris l'habitude de partager régulièrement mes réflexions, mes réussites et mes échecs sur différentes plateformes. Grâce à cette transparence, j'ai réussi à inspirer et motiver de nombreuses personnes.

Un jour, un de mes abonnés m'a contacté pour me remercier de l'avoir inspiré à lancer son propre projet. Touché par son message, j'ai décidé de le rencontrer pour discuter de ses ambitions. Depuis, nous sommes restés en contact et avons collaboré sur plusieurs projets.

S'impliquer dans des projets collectifs

Au fil des ans, j'ai compris que m'impliquer dans des projets collectifs me permettait non seulement de développer mon réseau, mais aussi d'inspirer les autres. J'ai ainsi participé à des groupes de réflexion, des associations professionnelles et des initiatives bénévoles.

Au sein d'une association, j'ai eu la chance de rencontrer Stéphanie, une brillante chef de projet avec laquelle j'ai travaillé sur une campagne de sensibilisation. Notre collaboration a été un succès, et nous avons noué une solide amitié professionnelle.

Être une source d'inspiration

Finalement, j'ai compris que pour développer mon réseau et inspirer les autres, je devais d'abord être une source d'inspiration pour moi-même. J'ai appris à célébrer mes succès, à accepter mes échecs et à être authentique dans toutes mes interactions.

Un jour, lors d'une conférence, j'ai partagé mon expérience avec l'auditoire. Mon discours a touché plusieurs personnes qui sont venues me voir après l'événement pour échanger et me remercier. Depuis, j'ai continué à partager mon parcours, dans l'espoir d'inspirer d'autres personnes à développer leur réseau et à réaliser leurs rêves.

En conclusion, développer son réseau et inspirer les autres demande du temps, de l'effort et une certaine vulnérabilité. En étant authentique, généreux et proactif, j'ai réussi à tisser des liens solides avec des personnes partageant mes valeurs et mes ambitions. Grâce à ces relations, j'ai pu surmonter les défis de ma vie professionnelle et personnelle et savourer pleinement mes succès. Je vous encourage à faire de même, car il n'y a rien de plus gratifiant que d'aider les autres à réaliser leur potentiel et à les voir briller à leur tour.

Chapitre 29 : Faites de votre passion votre profession

J'étais assis sur un banc, à contempler le coucher du soleil sur la plage, en réfléchissant à ma carrière et à ma vie. Je me suis demandé : "Est-ce que je suis vraiment heureux avec ce que je fais ?" C'est à ce moment que j'ai réalisé que ma véritable passion était ailleurs. J'ai décidé de prendre mon courage à deux mains et de transformer cette passion en profession.

Découvrir sa passion

Pour faire de sa passion une profession, il faut d'abord l'identifier. J'ai pris le temps de réfléchir à ce qui me motivait vraiment, à ce qui me donnait l'énergie nécessaire pour me lever chaque matin avec le sourire. J'ai réalisé que j'adorais écrire, partager mes idées et aider les autres à s'épanouir. Cette passion pour l'écriture et la communication est devenue mon moteur, ma raison d'être.

Se former et acquérir de l'expérience

Une fois ma passion identifiée, j'ai décidé d'investir en moi-même. J'ai suivi des formations pour développer mes compétences en écriture, en marketing et en relations humaines. J'ai également participé à des ateliers, des conférences et des événements pour rencontrer des professionnels du secteur et élargir mon réseau.

Lors d'un séminaire, j'ai rencontré Paul, un auteur à succès qui m'a confié ses astuces pour écrire des romans captivants. Son expérience et sa bienveillance m'ont beaucoup inspiré. Grâce à ses conseils, j'ai réussi à améliorer mon style et à trouver ma propre voix.

Créer des opportunités

Avec le temps, j'ai compris qu'il fallait être proactif pour transformer ma passion en profession. J'ai donc commencé à proposer mes services d'écrivain et de communicant à des entreprises, des associations et des particuliers. J'ai également créé un blog pour partager mes idées et montrer mon expertise.

Un jour, j'ai reçu un message de Marie, une entrepreneuse qui avait lu mes articles et souhaitait que je l'aide à rédiger le contenu de son site web. Cette collaboration a été une véritable réussite, et elle m'a ouvert de nombreuses portes.

Surmonter les obstacles

Faire de sa passion une profession n'est pas toujours facile. Il faut être prêt à affronter des échecs, à prendre des risques et à sortir de sa zone de confort. J'ai essuyé de nombreux refus avant de décrocher mon premier contrat en tant qu'écrivain. Mais je ne me suis jamais découragé.

Un soir, alors que j'étais en proie au doute, mon ami Alex m'a appelé pour m'inviter à une soirée. Nous avons discuté de mes ambitions et de mes peurs. Sa confiance en moi m'a redonné l'énergie et la motivation nécessaires pour continuer à avancer.

Profiter du voyage

Faire de sa passion une profession, c'est avant tout profiter du voyage. Chaque succès, chaque échec, chaque rencontre est une étape de ce parcours. J'ai appris à apprécier les moments de bonheur et à tirer des leçons des moments difficiles.

Lors d'un voyage à Barcelone pour une conférence sur l'écriture, j'ai eu la chance de rencontrer des auteurs talentueux venus des quatre coins du monde. Chacun d'eux avait une histoire différente à raconter, et ensemble, nous avons partagé nos expériences, nos rêves et nos projets. Ces rencontres m'ont permis de prendre conscience de l'importance d'apprécier chaque étape du voyage et de célébrer les succès, même les plus petits.

S'entourer de personnes inspirantes

Pour transformer sa passion en profession, il est essentiel de s'entourer de personnes qui nous inspirent et nous poussent à nous surpasser. J'ai eu la chance de rencontrer des mentors, des collègues et des amis qui ont cru en moi et m'ont soutenu dans les moments difficiles.

Lors d'une soirée littéraire, je me suis lié d'amitié avec Sophie, une auteure de renom. Sa générosité et son expérience m'ont appris à voir plus grand et à oser rêver. Grâce à elle, j'ai compris qu'il était possible de vivre de ma passion pour l'écriture et la communication.

Partager son savoir et inspirer les autres

Finalement, transformer sa passion en profession, c'est aussi partager son savoir et inspirer les autres. J'ai pris plaisir à aider d'autres écrivains à développer leur talent, à donner des conférences sur l'écriture et à partager mon expérience avec des personnes en quête de sens dans leur vie professionnelle.

Un jour, lors d'un atelier d'écriture, j'ai rencontré Julien, un jeune homme passionné par les mots, mais hésitant à en faire son métier. Je lui ai raconté mon parcours, les défis que j'avais dû relever et les réussites que j'avais connues. En voyant ses yeux briller, j'ai compris que j'avais réussi à lui transmettre ma passion et à lui donner confiance en son potentiel.

Faire de sa passion une profession est un chemin semé d'embûches, mais c'est aussi une aventure extraordinaire qui permet de se réaliser pleinement et de donner un sens à sa vie. Alors, n'hésitez plus : écoutez votre cœur, travaillez dur et osez rêver. Vous verrez, le bonheur est au bout du chemin.

Chapitre 30 : La clé pour atteindre vos rêves et vivre la vie que vous méritez

Lorsque je repense à mon parcours, je réalise que je n'en serais pas là aujourd'hui sans avoir travaillé dur et cultivé une mentalité de croissance. Dans ce chapitre, je vais partager avec vous les clés qui m'ont permis d'atteindre mes rêves et de vivre la vie que je mérite.

Croire en soi et en ses rêves

La première étape pour réaliser ses rêves est de croire en soi et en ses aspirations. J'ai souvent douté de mes capacités, surtout lorsque j'ai décidé de quitter mon travail stable pour me lancer dans l'écriture. Mais j'ai compris que pour vivre pleinement ma passion, je devais croire en moi et en ma vision.

Un jour, alors que je discutais avec un ami réalisateur, il m'a confié que son succès était dû en grande partie à sa confiance en lui. Il m'a raconté comment il s'était lancé dans le cinéma malgré les sceptiques et les obstacles, car il croyait en ses rêves et en sa capacité à les réaliser.

Se fixer des objectifs clairs et réalisables

Pour atteindre ses rêves, il est essentiel de se fixer des objectifs concrets et réalisables. Chaque objectif atteint renforce notre confiance en nous et nous rapproche un peu plus de nos aspirations. Dans mon cas, je me suis fixé des objectifs tels que terminer mon premier roman, trouver un éditeur et développer mon réseau professionnel.

Apprendre de ses erreurs et rebondir

Les échecs sont inévitables sur le chemin du succès, mais ils peuvent être de précieuses leçons. Lorsque mon premier roman a été refusé par plusieurs éditeurs, j'ai d'abord été découragé. Puis, j'ai décidé de tirer les enseignements de ces rejets pour améliorer mon travail et persévérer.

S'entourer de personnes positives et inspirantes

Les personnes qui nous entourent ont un impact considérable sur notre vie et notre mentalité. J'ai choisi de m'entourer d'amis et de mentors qui m'encourageaient et me motivaient à me surpasser. Leur soutien et leur bienveillance m'ont permis de garder la foi en mes rêves, même dans les moments difficiles.

Un soir, j'étais en train de discuter avec Laura, une amie entrepreneure, lorsqu'elle m'a partagé une anecdote marquante. Elle m'a raconté qu'au début de sa carrière, elle avait été trahie par une personne en qui elle avait confiance. Cette expérience l'avait rendue méfiante, mais elle avait finalement compris l'importance de s'entourer de personnes positives pour avancer dans la vie.

Cultiver la gratitude

La gratitude est une clé essentielle pour vivre une vie épanouissante. En apprenant à apprécier les petits bonheurs du quotidien et en reconnaissant la valeur de ce que nous avons, nous attirons encore plus de choses positives dans notre vie.

Je me souviens d'un moment précis où j'ai réalisé l'importance de la gratitude. J'étais en train de marcher dans un parc en contemplant les arbres et les fleurs en fleur, lorsque j'ai soudain pris conscience de la chance que j'avais d'être en bonne santé et de pouvoir profiter de ce moment. J'ai ressenti une profonde gratitude, qui m'a rempli d'énergie et de détermination pour continuer à poursuivre mes rêves.

Pratiquer l'autodiscipline

L'autodiscipline est une qualité indispensable pour atteindre ses objectifs et réaliser ses rêves. Sans elle, il est difficile de rester concentré et de résister aux distractions. J'ai appris à me fixer des horaires de travail et à respecter mes engagements, même lorsque j'étais tenté de procrastiner ou de me laisser distraire.

Un jour, lors d'une conférence, j'ai eu l'occasion de rencontrer un sportif de haut niveau qui m'a parlé de l'importance de l'autodiscipline dans sa carrière. Il m'a expliqué comment il se levait chaque matin à l'aube pour s'entraîner, quelles que soient les circonstances. Cette conversation m'a inspiré à redoubler d'efforts dans ma propre vie.

Faire preuve de patience et de persévérance

La patience et la persévérance sont des vertus essentielles pour réussir. Les rêves ne se réalisent pas du jour au lendemain, et il est parfois nécessaire de faire face à des obstacles et des retards. J'ai appris à accepter ces défis comme faisant partie du processus et à ne pas me laisser abattre par les imprévus.

Je me rappelle un échange que j'ai eu avec mon mentor, un auteur à succès, qui m'a raconté comment il avait mis des années à être reconnu dans le milieu littéraire. Il m'a expliqué qu'il avait dû faire preuve de patience et de persévérance pour atteindre son rêve, et que cela en avait valu la peine.

En suivant ces clés et en cultivant une mentalité de croissance, j'ai réussi à réaliser mes rêves et à vivre la vie que je mérite. Mon parcours n'a pas été sans embûches, mais chaque épreuve a renforcé ma détermination et m'a appris des leçons précieuses.

Je vous encourage à vous appuyer sur ces clés pour atteindre vos rêves et vivre la vie que vous méritez. Rappelez-vous que votre destin est entre vos mains, et qu'avec du courage, de la persévérance et une vision claire, rien n'est impossible.

Conclusion

Nous voici arrivés à la fin de ce voyage à travers la "Productivité Efficace". J'espère que vous avez trouvé dans ce livre des conseils et des idées qui vous aideront à transformer votre vie et à atteindre vos rêves les plus chers.

N'oubliez pas que le succès est un parcours, pas une destination. Les leçons que vous avez apprises dans ces pages ne sont que le début de votre aventure. Appliquez-les dans votre vie quotidienne, apprenez de vos erreurs et continuez à vous améliorer et à grandir.

Je vous souhaite le meilleur dans votre quête de la productivité et de la réussite, et j'espère que vous ferez de vos rêves une réalité !

Page de remerciement

Je tiens à vous remercier sincèrement d'avoir pris le temps de lire "Productivité Efficace". J'espère que vous avez trouvé de la valeur et de l'inspiration dans ces pages, et que les conseils et les idées partagés vous aideront à réussir dans votre vie professionnelle et personnelle.

Votre soutien et votre appréciation signifient beaucoup pour moi. Si ce livre vous a été utile ou inspirant, je vous encourage à laisser un avis sur Amazon pour aider d'autres lecteurs à découvrir ce guide.

N'hésitez pas à partager vos réussites, vos défis et vos expériences avec la communauté des lecteurs. Ensemble, nous pouvons apprendre, grandir et réaliser nos rêves.

Encore une fois, merci pour votre soutien, et je vous souhaite le meilleur dans votre quête de productivité et de réussite.

Bien à vous,

John Lepicier